“十三五”国家重点出版物出版规划项目

“中国工业遗产故事”丛书

丛书主编　刘伯英　周大亚

京张铁路故事

杨　玲　纪丽君　著

南京出版传媒集团
南京出版社

图书在版编目（CIP）数据

京张铁路故事 / 杨玲，纪丽君著. -- 南京：南京出版社，2020.12
（中国工业遗产故事丛书 / 刘伯英，周大亚主编）
ISBN 978-7-5533-3068-6

Ⅰ. ①京… Ⅱ. ①杨… ②纪… Ⅲ. ①铁路运输 – 交通运输史 – 中国 – 青少年读物 Ⅳ. ①F532.9-49

中国版本图书馆CIP数据核字（2020）第237587号

丛 书 名 中国工业遗产故事
丛书主编 刘伯英 周大亚
书　　名 京张铁路故事
作　　者 杨 玲 纪丽君
出版发行 南京出版传媒集团
南 京 出 版 社

社址：南京市太平门街53号　　邮编：210016
网址：http://www.njcbs.cn　　电子信箱：njcbs1988@163.com
联系电话：025-83283893、83283864（营销） 025-83112257（编务）

出 版 人 项晓宁
出 品 人 卢海鸣
责任编辑 聂 焘
封面设计 张 淼
版式设计 王 俊
责任印制 杨福彬

制　　版 南京新华丰制版有限公司
印　　刷 江苏扬中印刷有限公司
开　　本 787毫米 × 1092毫米 1/32
印　　张 5.125
字　　数 85千
版　　次 2020年12月第1版
印　　次 2020年12月第1次印刷
书　　号 ISBN 978-7-5533-3068-6
定　　价 28.00元

南京出版社
图书专营店

编 委 会

总 序

在众多的文化遗产中，“工业遗产”是一个年轻的类型。工业遗产是工业时代形成的遗产，自从18世纪60年代以蒸汽机为代表的第一次工业革命在英国爆发以来，工业文明虽然只有短短的三四百年历史，但在人类文明的发展史上，工业文明所创造的财富和对世界以及人类生活的影响，都远远超过之前几千年的总和。经过多年的开采、生产、运行，有些矿山、工厂、仓库、烟囱、管道、铁路、码头等已经失去了生产功能，但作为纪念物被保留了下来；同时还有些机器、车辆、工具、仪器、图纸、档案、照片、产品、服装等也一起保留下来，成为工业文明的历史见证和记录。

我们衡量文化遗产一般采用“历史、艺术和科学价值”这三大价值作为标准，而工业遗产在具有文化遗产的普遍特征的同时，还具有一些特殊的价值。一般来说，工业遗产具有历史、社会、建筑和科技、审美等多重价值。它与其他文化遗产的区别就是技术价值。工业遗产见证了科学技术对于工业发展所做出的突出贡献，表现在工厂矿山的选址规划、建（构）筑物的施工建设、机械设备的设计安装、生产工具的改进、工艺流程的设计布置和产品的更新等方面。从工业遗产中我们可以清晰地看到技术进步的脉络，其中既有创新、改进，当然也有失败或者弯路，这些都为后人提供了可供借鉴的经验或者教训。由于工业遗产可以直观地反映出人类社会发展的这一重要过程，工业遗产成为我们社会发展不可或缺的物证。

当你走进我国各地的博物馆，看到最多的是什么？是青铜器、陶瓷、丝绸、书画、金银玉器等精美的手工艺品，我国悠久的农业社会文明，为世界贡献了数不清、看不尽的文化瑰宝，使参观者瞬间满怀文化自豪感。从本质上说，这些都是农业时代的遗存，代表的只是我们国家在农业时代创造的文明、对世界文明发展的贡献。可是你却很少能够在我国博物馆中看到数量、规模能与上述这些农业文明时代的文化遗存相当的工业遗产。尽管工业时代是离我们最近的历史时期，工业文明创造了巨大财富，对世界以及人类生活产生了深远影响，但我们似乎忘记了给它在博物馆中留出应有的位置。

工业遗产对生活在当下或者未来的人有什么意义呢？我们说，工业遗产具有纪念、教育、文化或象征的意义。

我国工业化以来，形成了许多新的城市。例如，哈尔滨、长春、郑州、石家庄是火车轮子拉来的城市，上海、大连、青岛、秦皇岛是港口通航形成的城市，唐山、鞍山、玉门、大庆、平顶山、萍乡是矿山开采形成的城市。矿山、工厂、井架、火车头、港口是这些城市的历史符号，是老一辈人抹不去的记忆，很多家庭连续几代都在一家厂矿中工作，这些厂矿是城市的“源”，也是文化的“脉”，更是市民的“根”。

由于中国工业社会时代开始的时间晚于欧美，人们对工业遗产保护的认识需要一个接受的过程。随着城市化步伐的逐步加快，对工业遗产在拆与保、遗弃与利用之间存在着激烈的碰撞。这种碰撞不仅存在于个别地区，而且普遍存在于具有工业遗产资源的众多城市。近年来，我国伴随城市规划布局及产业结构的调整，过去的工业区大多变成了中心区，工业外迁的步伐加快，出现了大量的工业遗产。如何评估这些遗产并将其妥善保护、永续利用，已成为文化遗产保护领域一个极为紧迫的问题。

令人欣慰的是，许多具有远见卓识的地方政府，在大力推进当地经济社会可持续发展的进程中，重视工业遗产的保护，取得了令人称道的成绩。在对工业遗产保护逐渐形成共识的形势下，一批工业遗产得到了积极保护和合理利用。同时，我们也必须注意到，尽管近年来一部分工业遗产开始被列入保护之列，但是受法律保护的工业遗产项目仅占应纳入保护内容中的很小一部分。还有很多城市，特别是一些传统工业城市，还未将工业遗产保护纳入文化遗产保护范畴，还缺乏对工业遗产的总体评价和细致规划。

工业遗产的保护和利用需要公众的关注和参与。工业遗产的主人不仅是政府，每个人都是主人，只有当地居民自觉守护，才能保卫工业遗产的尊严，有尊严的工业遗产才有强盛的生命力。只有把工业遗产保护与城市文化建设，特别是与公众的生活紧密联系在一起，才能为工业遗产的保护与利用找到真正的根基，才能使工业遗产成为公众生活的组成部分，才能使工业遗产成为城市文化的内核与灵魂，也才能使城市成为工业遗产真正的家园。建设一个房地产项目，可以服务一个城市几十年，而保护好一个城市的工业遗产，或许会让一个城市受益上百年，同时也有助于提升市民的文化理念，使人们用辩证思维的方式去看待城市发展中的各种矛盾，平衡、协调、解决好各类问题。

感谢刘伯英教授等研究工业遗产的学者们，多年来为工业遗产的保护和利用开展了大量工作，使工业遗产引起了政府部门的重视。今天，他们又开拓了一片新领域，通过每一项工业遗产的详细说明与阐述，把我们的工业发展历史和其中有趣的人物、故事介绍给普通大众和青少年，引导更多的人，尤其是青少年群体对工业遗产产生兴趣，自觉地保护我们身边的工业遗产，这是一件利在当代、泽被千秋的好事。我非常愿意把这套丛书推荐给大家，特别是我们的青少年读者，为我们5000多年的文明史补上这极为精彩的一段，完整地看待一个悠久历史的民族，在艰难困苦中百折不回，从一个纯粹的农业国华丽转身成世界最重要的工业制造大国，树立起我们的民族自信。

单霁翔

（作者系中国文物学会会长、国家文物局原局长、故宫博物院原院长）

序 言

我是一名工学家，我的使命，是以创造性建设，谋求社会进步。

——詹天佑

从 1876 年中国出现第一条经营性铁路——吴淞铁路，到 1909 年京张铁路建成前，期间三十多年，中华大地上的铁路都是由西方人主导修筑的。京张铁路是第一条由中国人自行设计、施工，建成后自主管理、运营的干线铁路。

京张铁路，许多中国人自小学阶段从语文课上知道的一条铁路，每一位语文老师都将它上升到民族自强的高度进行生动讲述。这条铁路也确实开创了很多中国人自建铁路的第一，成就了詹天佑中国铁路建设第一人的地位。这是一条留给中国人太多遐想的铁路，从某种意义上讲，它已经超出了铁路工程技术的范畴，绝不仅仅包括语文课本上提到的居庸关、八达岭两座隧道和“人”字形线路工程。京张铁路工程在当时的历史条件下，选择了最优设计方案；精心组织，成功引进国外先进技术、设备；结合国情，进行改造和创新，同时制定了一整套适合中国铁路需要的技术标准、技术规范及运营管理的规章制度；培养和锻炼了一大批工程技术人员；为中国早期铁路发展奠定了良好基础。

詹天佑在通车典礼上激动地说：“此路的修筑，经历了四年，在这四年内，鄙人和同事诸君，饱有引人兴味的和令人忘却疲劳的工作，我们正是以修筑全由中国人自力完成的铁路而感到自豪！”

当时的英国驻华公使朱尔典爵士这样说道：“十年前没有人会相信中国在铁路方面会有迅速的发展，而很快我们就会看到为促进贸易和全国发展服务的密集铁路网的出现。也许中国会比美国更高明，因为她拥有像詹天佑这样的铁路工程师。”

1905 年 5 月，清政府正式委任詹天佑对京张铁路全线进行勘测。6 月，京张铁路总局和工程局成立，陈昭常为总办，詹天佑为会办兼总工程司。詹天佑组建了由北洋武备学堂附设铁路工程班学员、山海关铁路官学堂毕业生以及在关内外铁路共事多年的熟练工人等组成的工程技术队伍。11 月，袁世凯和胡燏棻正式奏请开办京张铁路，经费预算约为 500 万两库银（后增加 228 万两的车辆及总务费），计划四年完工。全部工程分为三段，分别是丰台至南口，南口至岔道城，岔道城至张家口。1905年10月2日，京张铁路正式开工。首段工程地处平原，地势平缓，因而进展十分顺利，1906年9月30日竣工。第二段工程长度仅22公里，但中间横亘着军都山，遂开辟了居庸关、五桂头、石佛寺和八达岭四座隧道。五桂头和石佛寺隧道施工难度较小，1906年就被打通。1908年5月13日，居庸关隧道被打通。八达岭隧道是这四座隧道中工程难度最大的，全长约1091米，占全部隧道总长度的三分之二。施工时，除分别从南北两侧向中部进行外，还从顶部开了一大一小两个竖井，六个作业面同时施工。1908年5月22日，八达岭隧道终于被打通。第三段工程在关沟段施工期间就已展开，这一地段以丘陵为主，施工难度较第二段略小。1909年2月6日，铁路铺轨到了怀来，4月22日到下花园，5月27日到宣化，7月4日到张家口。1909年9月14日，京张铁路全线建成，全线长201.2公里，采用标准轨，共设有14个车站，在南口和张家口设有车辆修理厂。9月19日，邮传部尚书徐世昌携本部官员在詹天佑的陪同下，验收了京张铁路。10月2日，在南口举行了盛大的通车典礼。

京张铁路是中国近代史上的奇迹，中国早期铁路的典范。它是一部史诗，一座丰碑，它传承的是民族精神、民族意志和民族力量。

詹公主持修建的京张铁路，其价值主要在于蕴含的科技力量。作为百年工业标本，京张铁路是西方铁路技术移植中国的典型案例，是中国传统技艺融入西方工程技术的工业遗存，也是中国人首次彻底掌握西方铁路铺设技术的成功表现。

让我们一起走进京张铁路，看看铁路先贤们为我们留下了什么。

目 录

一 铁路——拉开近代中国工业文明帷幕的关键

当西方国家因蒸汽机的发明及运用迎来第一次工业革命时，东方的大清帝国正做着“天朝上国”的美梦，实行闭关锁国的政策，维护着封建专制管理下的自给自足的小农经济。

以蒸汽机为动力装置的机械力代替了人力和畜力，推动机器代替了手工劳动，工厂代替了手工工场。因机械动力变革而开始的工业革命，不仅是一次技术改革，更是一场深刻的社会变革，其将世界推入了工业文明时代。

1825 年，世界上第一条铁路在英国出现，铁路的诞生是交通运输中机械动力逐步代替人、畜动力的典型标志。半个世纪之后，这项近代西方工业文明的产物才被引进中国。

世界部分国家铁路通车情况

国别	通车年份	国别	通车年份
英国	1825	意大利	1839
美国	1830	瑞士	1844
法国	1832	西班牙	1848
比利时	1835	巴西	1851
德国	1835	印度	1853
加拿大	1836	澳大利亚	1854
俄国	1837	埃及	1855
奥地利	1838	日本	1872
荷兰	1839	中国	1876

西方铁路建设的消息传入中国

道（光）咸（丰）以来，中国海疆不断受到列强的侵扰，外国传教士、官员、商人等进入中国，他们的进入带来了西方的各种信息。1835 年 7 月，一个叫郭士立（K. A. Gutzlaff）的德国传教士在其主持编纂并出版的《东西洋考每月统记传》上刊载了题为《火蒸车》的文章，介绍了英国当时的铁路和火车的情况。文章是这样写的：“利圭普海口，隔曼者士特邑，一百三十里路，因两邑的交易甚多，其运货之事不止……故用火蒸车，即蒸推其车之轮，将火蒸机，缚车舆，载几千担货。而那火蒸车自然拉之……倘造恁般陆路，自大英国至大清国，两月之间可往来，运货经营，终不吃波浪之亏。”文章的字里行间透露出希望把铁路修筑到中国的愿望。郭士立是第一个向中国宣传铁路、火车的人。

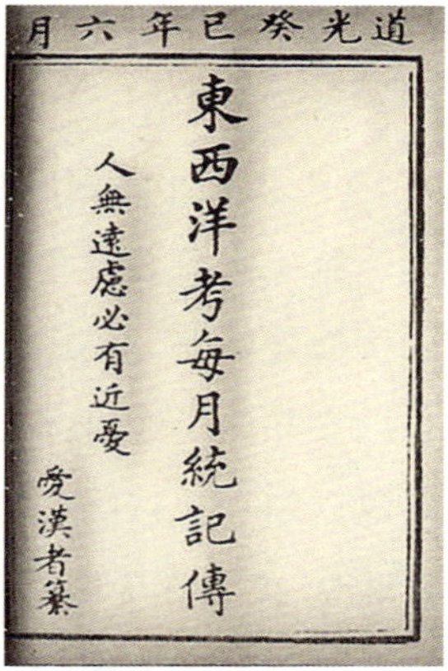

郭士立主编的《东西洋考每月统记传》

此后，最先接触西方先进文明的中国人，如王滔、容闳、林则徐、魏源、徐继畲、洪仁玕等。他们将自己对世界的认识与思考，编纂成书，介绍世界各国的疆域、方位、气候、物产、风土、人情、历史沿革、典章制度、政治得失、军事力量以及西方的科学技术。他们的著作大都提到了铁路和火车，包括在本国修建铁路的设想，在华夏大地更广泛地传播了铁路的信息。

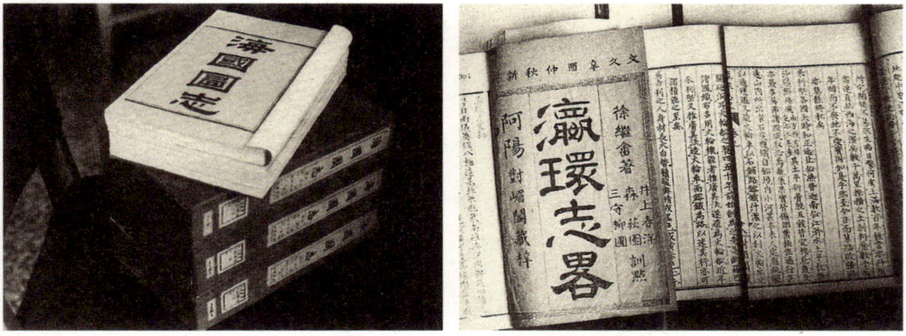

魏源所著《海国图志》与徐继畲所著《瀛寰志略》书影

铁路输入中国之初

（一）外来者提出的修路倡议

第一次鸦片战争后，英美等国为了开辟市场，谋求在中国修建铁路。英国的戈登、斯泼莱，美国的贝利等曾私自勘察并倡议修建台湾煤矿铁路、仰光到云南思茅的铁路、粤汉铁路和北京门头沟到斋堂的铁路。1863 年英国怡和洋行联合 27 家在上海的洋行，建议清政府在上海到苏州间修建一条铁路，遭拒绝。英国人仍不甘心，同年又邀请其铁路工程师司蒂文森由印度来华，制定了一个综合铁路计划：以汉口为中心，东通上海，西经四川、云南等省直达印度，南至广州；以镇江为起点，北至天津、北京，从而构成一个庞大的铁路网络。英国人将此计划呈送清政府，但没有得到响应。

（二）外国人在中国修建铁路的试探

进入 19 世纪 60 年代，英法等国在进一步打开大清的国门后，一些敏锐的外国商人，开始了一连串在中国国土推进铁路修筑计划的试探。1865 年，英国商人杜兰德在北京宣武门外沿着护城河主持修建了一条长 0.5 公里的“展览铁路”，这是在中国最早出现的一条铁路。杜兰德希望清政府能够认识铁路，借以进一步打开中国市场。这相当于外国人在中国做的一则铁路广告。1872 年，英商又在天津原法租界“紫竹林码头”一带，铺设了一条环行 1.5 公里的轻便窄轨铁路，以一台小“火轮车”免费载客运行。据天津《申报》报道：“此火车之来中国，可谓创观，其制作也可谓精美之至，置于行动一切均甚便捷，甚为适用之物……”这次“广告火轮车”的出现，给国人留下了一些关于新式交通工具的印象。1873 年，清朝同治皇帝拟举行盛大的婚礼，英国的兰逊—瑞碧公司企图以庆贺婚礼的名义，送一条“婚礼铁路”给中国，目的是让清朝当权者接受其在中国修建铁路。

1872 年 12 月，由美国驻上海副领事奥力味·布拉特福（Oliver B. Bradford）发起，英国工商团体参与，以建筑一条“寻常马路”为名，成立了吴淞道路公司。1874 年 12 月，开始修筑上海到吴淞镇铁路的路基，1876 年 7 月 3 日，长

运行在吴淞铁路上的“先导号”蒸汽机车

14.5 公里，轨距 762 毫米的吴淞铁路正式通车，这是中国最早出现的一条经营性铁路，是英国怡和洋行采取欺骗手段才修成的。1877 年，清政府为了维护自身尊严和修路主权，以 28.5 万两白银将该路赎回并拆除。

清朝铁路的肇兴

（一）筑路之争

即便西方列强又是宣传又是试办，可是对于铁路这个“舶来品”，清朝统治者内部，还是难以完全接受。19 世纪 60 年代到 80 年代末，清政府顽固派和洋务派两个集团对铁路的引进争吵不休。顽固派认为，封建统治的经济基础会因铁路的修筑而受到震撼并瓦解，一直反对修建铁路的任何主张。洋务派则认为，要适应新情况，必须设法修建铁路，这是“自强”的一项重要措施。津沽铁路的修建问题，引发了洋务派与顽固派最激烈的争论。

主张修路的以李鸿章为首，这一派将铁路的优越性归纳为九利：一利南北贯通、增加税收，二利调兵快捷、有利军事（李鸿章认为铁路可“以资攻剿”，“如有铁路相通，遇警则朝发夕至，屯一路之兵，能抵数路之用，而养兵之资亦因之节约”），三利拱卫京畿，四利调剂物价、有利民生，五利军民物资运输，六利海运、漕运之不测，七利煤铁矿务的发展，八利不通轮船地区的运输，九利官民兵商的旅行。

反对修建铁路的以刘锡鸿为首，声称“火车实西洋利器，而断非中国所能仿行也”，“铁路势不可行者八，无利者八，有害者九”。他们给修建铁路罗列了二十五条“坏处”。顽固派认为立国之本，要“恪守祖宗之成法，以固结民心，以永保天命”，修铁路要毁庐迁墓，是“干天地之和，蹙生灵之命”；修铁路等于为外人施行“缩地之法”，“山川关塞，悉成驰骋之坦途”，是“自平其险以延敌”，“不啻开门揖盗”；修铁路是“括天下贫民之利而归之官”，将使沿线商民丧失生计而引起暴乱；认为清朝初期虽无铁路而“武功极盛”，证明“国之强弱在德不在器”。

（二）小试牛刀

1878 年 8 月，开平矿务局正式成立。唐廷枢禀请李鸿章准许矿务局修筑唐山到北塘口的运煤铁路。接到唐廷枢的禀奏，李鸿章认为这是实现他筑路计划的好机会，于是便立即上奏朝廷，请修铁路，以便运煤。清政府很快就批准了开平矿务局自修铁路。然而正在筹办之时，清政府又收回成命，致使筑路计划流产。开平矿务局只好开掘运河以运煤。由于胥各庄到矿区那段路地势高陡，河水上不去，矿务局只好再次请修铁路。此次奏请只修胥各庄到唐山之间这一小段铁路，并特别声明，修成之后，用骡马拖拉车辆，

唐山火车站

清政府才批准了这个奏请。

1881 年 6 月 9 日，真正意义上中国的第一条铁路——唐山至胥各庄铁路（即“唐胥铁路”），历经磨难终于动工兴建。1881 年 11 月，唐胥铁路工程告竣。该路由英国工程师金达（C. W. Kinder）设计并主持施工，采用 1435 毫米的轨距和每米 15 公斤的钢轨，全长 9.7 公里，主要用于运输开平煤矿的煤炭。这条铁路虽然很短，却是政府主持修建的第一条铁路，它在真正意义上实现了中国铁路“零”的突破。

1888 年冬季，李鸿章向慈禧太后进呈了从法国进口的有六节车厢的小火车一辆。在获得了慈禧首肯的情况下，一条南起中南海紫光阁，北至镜清斋前码头的窄轨铁路很快建成并通车，这就是著名的“紫光阁铁路”（又称“西苑铁路”）。紫光阁铁路的建成，让慈禧和光绪皇帝以及各位中枢重臣亲眼看到和体验到了火车这种先进交通工具的各种优点。李鸿章得此机会，又一次以修建津沽铁路为由，将铁路问题摆到了明面上，于是开始了关于铁路建设的第二次官方大论战。

1889 年初，慈禧太后下懿旨，明令海军衙门会同军机大臣妥议修建铁路事宜。同年 8 月，又正式委派李鸿章、张之洞会同海军衙门主持修路大计，并加派直隶按察使周

李鸿章等人视察线路时在唐山车站的合影

馥、清河道潘骏德随同办理。在此前后，《申报》又接连发表《勘视铁路》《扩充铁路》《铁路告示》《铁路兴而财务旺论》《铁路述闻》等多篇文章，或报道最新施工情况、铁路运行实情，或宣布政府决议，或分析铁路经济效益，于诸多方面为中国正式修建铁路摇旗宣传，将消息传播至千家万户。

终于，清政府于1889年明确宣告“毅然兴办”铁路。从此，结束了长达十数年关于建设铁路的争论，开创了中国铁路建设发展的新阶段，即官办铁路阶段。建设铁路成为清政府的一项政策，遂正式拉开了中国自建铁路的大幕。铁路以其磅礴的气势、铿锵的巨轮，将中国逐渐拉进了近代工业文明的行列。

二　黄龙旗下，第一条拥有完整路权的铁路

铁路是近代工业文明的象征，而铁路早期进入中国时却成了西方列强划分势力范围，掠夺资源与财富的重要工具。在京张（北京—张家口）铁路修建之前，华夏大地所有的铁路都深深地打上了半殖民地的烙印。列强或直接在华投资筑路并经营，或从获取贷款权入手进行间接控制。无论是直接投资经营，还是间接贷款控制，都是对中国主权的侵犯，并大大限制了中国自建铁路，形成了一条压榨中国人民的铁链。面对这种情况，建设一条完全由中国人自己掌握的铁路，成为全国上下共同的心愿。

于是，在修建具有重要政治、经济和战略价值的京张铁路时，清政府巧妙利用英、俄等列强争夺在华利益的矛盾，由时任直隶总督袁世凯与其进行周旋，最终明确了完全不用外资以及建成后的铁路进项不得作为外国借款依据

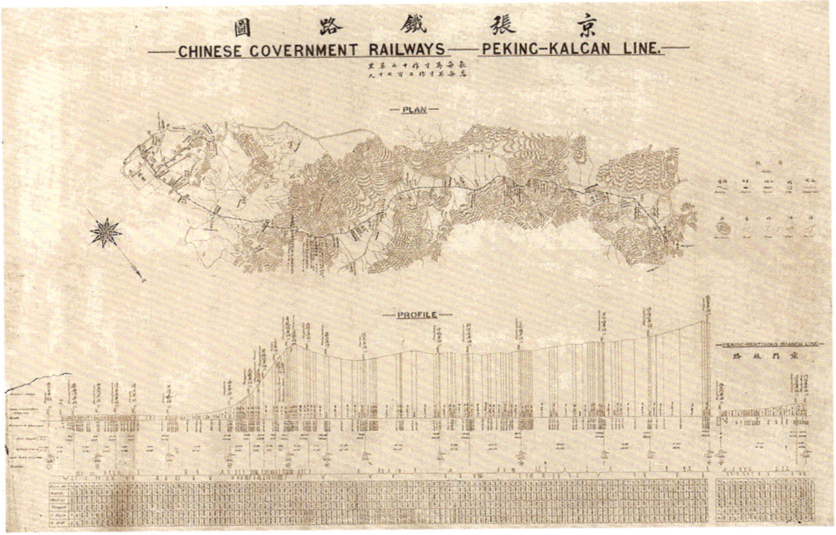

京张铁路工程图

的原则。至此，中国终于有了一条“只用中国资本，外人不得干预”的由中国政府自主建造的铁路。

京张铁路干线起点

1905 年，袁世凯在《提拔关内外铁路余利修造京张铁路折》中称：“此路即作为中国筹建自造之路，亦不用洋工程司经理，自与他国不相干涉。”充分表明清政府自造该路的用人态度。清政府能坚持执行这一决策，其底气在于中国自己的工程技术人员詹天佑的那句话："我们中国人能够修筑此项工程"。

1905 年 10 月，在国人的怀疑和外国人的嘲笑中，丝毫不借用外国资金，不用外国工程技术人员，完全由我国自主建设的铁路——京张铁路破土动工。

清政府组织当时国内最具实力的铁路人才，设立了由陈昭常为总办，詹天佑为总工程司兼会办（注："司"是技术职责称号，"师"是技术职业称号，工程界一直沿用。中华人民共和国成立后才统一称"师"）的京张铁路总局和工程局，同时建立了由梁如浩、杨士琦、吴仰曾、颜德庆、

◎小贴士

黄龙旗

黄龙旗：1888 年到 1911 年的中国国旗。鸦片战争以前，闭关自守的大清国并没有国旗。在同西方列强谈判、签约等外交活动中，看到西方列国庄严悬挂国旗，而自己却无旗可挂，清政府深感有失"天朝威仪"，于是决定设置国旗。1866 年，总理衙门制定了以"黄底蓝龙戏红珠图"为基础的北洋水师军旗，图案中黄色及龙都是大清皇帝的象征，当时该旗帜为三角形。1881 年，为与国际接轨，李鸿章奏请将北洋水师三角形军旗改为长方形。1888 年，清政府正式以北洋水师军旗作为大清国旗，俗称"黄龙旗"。

南口工程司处

邝孙谋、俞人凤、沈琪、关冕钧、陈西林、翟兆麟、柴俊畴、周寿、徐文洞、张鸿诰等组成的专业技术团队；组建了由北洋武备学堂附设铁路工程班学员、山海关北洋铁路官学堂毕业生以及在关内外铁路与詹天佑共事多年的熟练工人等组成的工程技术队伍。

他们共同为中国独立筑路胼手胝足、栉风沐雨，把祖国的荣辱和肩负的责任融于一身，不畏艰险、攻坚克难，精心设计，巧妙施工，只用了约4年的时间，到1909年10月，实现京张铁路全线通车。

1909年10月2日举行通车典礼。英国人金达、喀克斯（A. G. Cox）作为来宾，盛赞关沟工段，称其为“绝技”。

◎ **小贴士**

关沟：古称军都陉，著名的“太行八陉”之一，是北京通往西北方的重要通道，也是拱卫京师的要冲。在长约20公里的溪谷中，布下了八达岭、上关城、居庸关和南口城等四重雄关，另在沟谷两侧的长城沿线设有石佛寺口、青龙桥东口及西口等诸多关隘，故被称为关沟。

张家口车站建成典礼

有人评论道："夫铁路工程既可以中国人独力筑之，将来一切矿务机器制造等事，皆可以中国人自为之矣。"

京张铁路全长201.2千米，其穿越了军都山关沟，通过"人"字形线路（又称"之"字形线路）巧妙地爬上了坡度达33‰的坡道，绕过了仅182米的最小曲线半径，穿过了居庸关、八达岭等总长1600多米的四个隧道，迄今已运营百余年。这就是黄龙旗下，第一条由中国政府投资，中国人自行设计、自行施工、自行实施运营管理的干线铁路，它是中国铁路发展史上的一座丰碑。对于一扫由于国势积弱、列强霸权重压下形成的民族自卑心理，振奋民族自信心，产生了不可低估的作用。

三　自建要冲之路的大考

中国铁路肇始于外国列强的觊觎和清政府的争吵声中。京张铁路因其重要经济利益，依然未能摆脱列强对筑路权的争夺。

塞外山城张家口为草原游牧民族和中原农耕民族的结合部，历来为兵家必争之地，是南北商旅进行贸易的必经通路和贸易地，中俄陆路贸易的要冲。修筑一条从北京到张家口的铁路，以密切华北同塞外的联系，在经济、政治和军事上都具有重要的战略意义。

民间早有修建京张铁路的提议，但都被清政府以其为联通西北咽喉之路，不可私办为由加以拒绝，直到朝臣提

◎小贴士

塞外：古代指长城以北的地区，也称塞北。

出官办，才获得朝廷许可。清政府要修建京张铁路的消息传出后，英俄为争夺路权互不相让。英国提出京张铁路的总工程司须由英国人金达担任，但俄国人得知此消息后提出反对与抗议，他们认为长城以北是自己的利益范围，声明过去与清政府有约，规定长城以北铁路不得由第三国承建，并要求由俄国人担任总工程司。英俄双方争夺激烈，就这样僵持了一年多。在万般无奈的情况下，双方商议后同意清政府由中国人自行修建京张铁路的主张，英俄之争就此罢休。

中国人终于取得了京张铁路的筑路权。此路由谁来负责呢？一个曾经参与关内外铁路建设并主持过新易铁路修建的中国工程师进入了当权者的视线，他就是被提名的詹天佑。詹天佑负责京张铁路工程的动议获得庆亲王奕劻支持，慈禧和光绪帝的许可。机会于是落在了这个长期任劳任怨、兢兢业业、刻苦钻研技术的人的身上。

当然詹天佑也不负众望，顶着外国人的讥讽干扰、力任其难，承担了这项具有国际影响的铁路修筑工程。他在接受任务伊始感慨道：“我国地大物博，而于一路之工，必须借重外

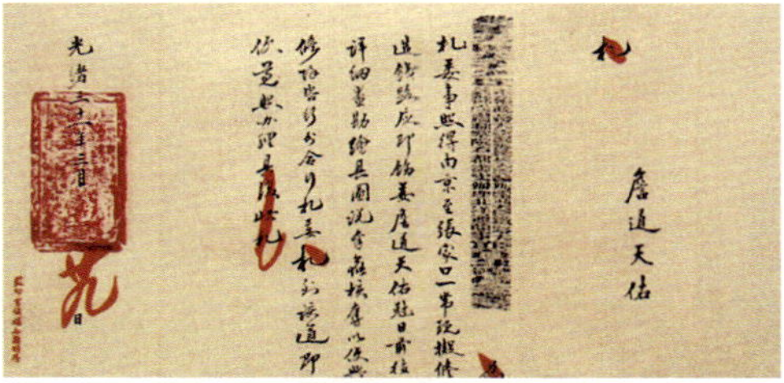

清政府委任詹天佑为京张铁路会办札

人，引以为耻。”因而修筑这条铁路对中国人来说，是一次考验，如果半途而废，不能建成，必将“贻笑于邻国”。詹天佑在写给美国诺索布夫人的信中说：“我很幸运被任命现在的工作。中国已渐觉醒，而且急需铁路，现在全国各地，都需要中国工程师。中国要用自己的资金，来建筑中国自己的铁路。我好像成了中国最佳的工程师，因此全体中国人和外国人都在密切注视着我的工作。如果我失败了，那

◎小贴士

诺索布夫妇：1872 年，年仅 12 岁的詹天佑作为清朝官派第一批 30 名赴美留学幼童之一，寄宿在康涅狄格州（Connecticut）纽哈芬（New Haven）海滨男生学校威利·诺索布（W. D. Northrop）校长的家中。在寄宿的 9 年里，詹天佑与诺索布夫妇一家相处融洽，如同家人。诺索布及夫人对詹天佑亦关怀备至，细心养育，并指导其考上了纽哈芬的希尔豪斯（Hillhouse）高级学校，并被编入特别班，高中毕业后指导其考入耶鲁大学土木工程系。修建京张铁路期间，詹天佑保持着与诺索布夫人的通信，信中向诺索布及夫人讲述了自己的工作和生活情况，字里行间充满对老师及师母的感激之情。

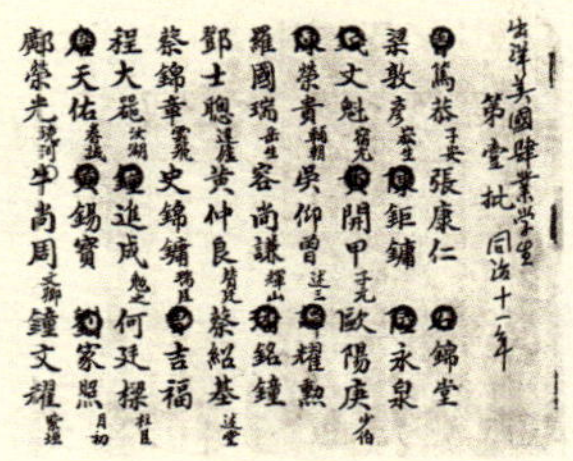
出洋美國肄業學生 第壹批 同治十一年

1872 年清政府派出的首批留美幼童名单

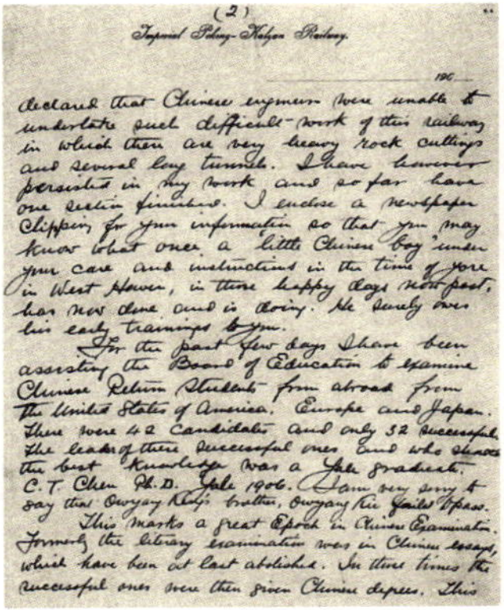

(2)
Imperial Peking-Kalgan Railway.

190

declared that Chinese engineers were unable to undertake such difficult work of this railway in which there are very heavy rock cuttings and several long tunnels. I have however persisted in my work and so far have one section finished. I enclose a newspaper clipping for your information so that you may know what once a "little Chinese boy" under your care and instructions in the time of yore in West Haven, in those happy days now past, has now done and is doing. He surely owes his early trainings to you.

For the past few days I have been assisting the Board of Education to examine Chinese Return Students from abroad from the United States of America, Europe and Japan. There were 42 candidates and only 32 successful. The leader of these successful ones and who shows the best knowledge was a Yale graduate, C.T. Chen Ph.D. Yale 1906. I am very sorry to say that Owyang King's brother, Owyang Kee failed to pass.

This marks a great Epoch in Chinese Examination. Formerly the literary examination was in Chinese essays, which have been at last abolished. In those times the successful ones were then given Chinese degrees. This

1906 年 5 月 3 日詹天佑写给诺索布校长夫人的信

詹天佑使用的勘测工具经纬仪

就不仅是我个人的不幸，而且是全体中国工程师和所有中国人的不幸。因若如此，中国工程师将失去大众的信任。”

詹天佑从接受任务开始就亲力亲为，从最初的踏勘、测量、选线、设计、施工、设备甄选到最后的交付运营管理，一应筹措，使京张铁路成为中国早期铁路建设项目中，由中国人自行设计、建造到运营管理的典范。让国内外工程技术界无不折服，士人百姓无不振奋。正如詹天佑所说：“我是一名工学家，我的使命，是以创造性建设，谋求社会进步。”

◎小贴士

踏勘：指到现场实地查看。铁路踏勘是铁路勘测的第一步，目的是对铁路线路的地质、气候等客观条件和环境进行现场调查，记录并绘制必要的示意图。

四 最适合当时国力的选线

勇担重任

京张铁路全长超过200公里，是连接华北和西北的交通要道，具有重要的经济和军事意义。这条铁路工程量十分巨大，要穿越古称“天险”的长城要塞居庸关、八达岭，其中南口到青龙桥的关沟段更是重峦叠嶂，地形极为复杂。长约18公里的关沟段要开凿几千米的隧道，工程之艰险在当时世界上也是少见的。当时欧美一些国家认为中国人根本不可能担负这样的艰巨工程，并扬言中国人想不靠外国人，自己修铁路，就算不是梦想，至少也要过五十年才能实现，并侮辱性地宣称：“会修能穿过关沟段铁路的中国工程师还没有出生”。詹天佑以渊博的知识和丰富的实践经验，领导中国工程师及筑路同仁，承担起建设京张铁

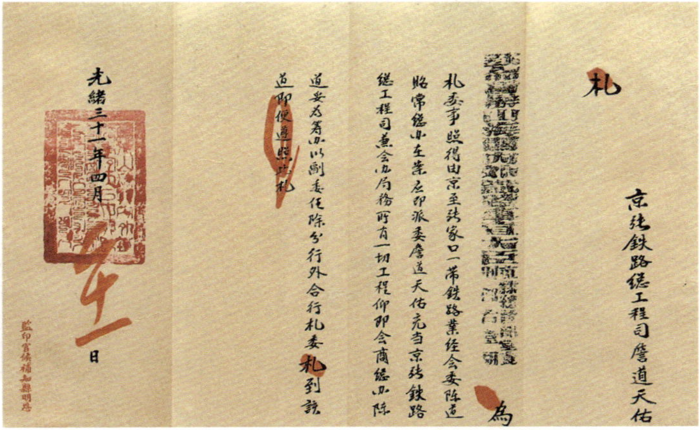
札
京張鉄路總工程司詹道天佑
為
札委事照得由京至張家口一帶鉄路業經會委陳道
昭常總辦在案應即派委詹道天佑充當京張鉄路
總工程司兼會辦局務所有一切工程仰即會商總辦陳
道妥為籌辦以副委任除分行外合行札委札到該
道即便遵照此札
光緒三十一年四月十二日

清政府任命詹天佑为京张铁路会办兼总工程司札

路的重担。他深感这条铁路对中国人来说，是一次考验，关系到国家的荣誉和民族自信心。

拟订方案

1905 年，担任京张铁路会办兼总工程司的詹天佑带领徐文洞、张鸿诰两名学生和测量队从丰台柳村开始进行线路勘测。为勘测到一条理想的线路，他们不仅多方查找资料，而且亲自访问当地农民征求意见，在崇山峻岭中反复勘测出三条线路，以供选择。

第一条线路：由丰台柳村起，经南口、居庸关、八达岭，

京张铁路修筑前的骆驼运输

出岔道城，再经康庄、沙城、下花园、宣化至张家口。

第二条线路：由丰台至昌平经十三陵过得胜口到延庆，再到沙城，最终到张家口。该线路虽可绕过八达岭，但地形复杂，线路长，土石方工程量很大，也不甚理想。

第三条线路：自北京门头沟，沿永定河峡谷至沙城，再到张家口，此线路预计长 106 公里，坡度虽只有 12‰，但需建 65 座隧道，总长度约 27 公里。这条线路运输能力更高，运输量也更大，但工程也更艰巨，所需经费要超过预算的好几倍，在当时的条件下是不可能实现的。这条线路能够避开京张铁路关沟段坡度 33‰的大坡道，是当年詹天佑主持修建京张铁路时备选的三条线路中较好的一条，但因造价过高而被迫放弃，1952 年修建丰沙铁路时借鉴了此线路的修筑方案。

詹天佑在勘测全线并研究后认为，以现有的经费和工期的限制，采用第一条线路，即以丰台柳村为起点，经南口至青龙桥的关沟段以通过八达岭，出岔道城，再经康庄、沙城、下花园、宣化至张家口的线路最佳。

跟随詹天佑勘测线路的工程学员
徐文洞（左）、张鸿诰（右）

在确定这条线路后，詹天佑又对关沟段进行复勘定线，力图找出最省时、省力、省料、省费的施工方案。他又设计出三个方案：第一：自石佛寺向西北开挖一条长1800米的隧道，人力施工需要三年；第二：从青龙桥向东过黄土岭至小张家口出山，这样可以绕过八达岭，但此线路较长，且工程量较大；第三：将线路由石佛寺引上山，进青龙桥东沟，然后折返，在八达岭下开挖隧道约1091米，使原定隧道长度缩短近一半，形成“之”字形线路，这是当时情况下最理想的方案。

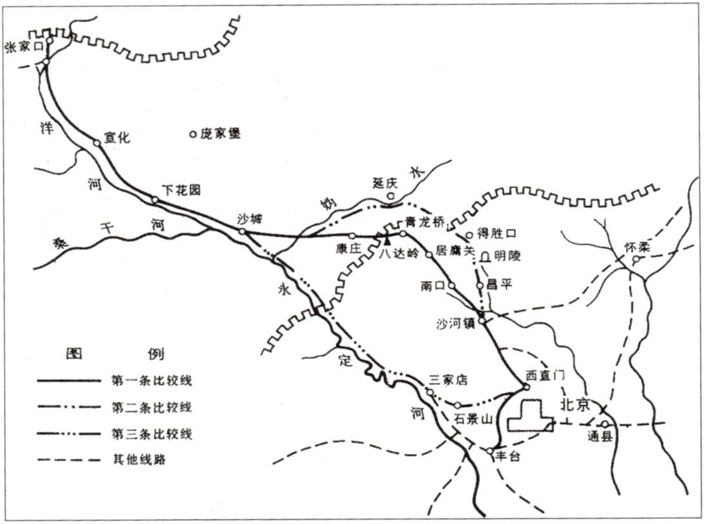

京张铁路基本走向比较线示意图

分段施工

詹天佑将这条较理想的线路分三段进行施工：第一段

◎小贴士

京张铁路分段勘测：在京张铁路勘测阶段，詹天佑、陈西林、张鸿诰、徐文洞先确定详细路线，后由邝孙谋、俞人凤和柴俊畴负责第一段丰台柳村至南口的勘测。颜德庆、陈西林、张鸿诰和苏以昭负责第二段南口至岔道城的勘测。翟兆麟、刘锜、李鸿年和耿瑞芝负责第三段岔道城至张家口的勘测。

从丰台柳村起，经广安门站至清河、沙河到南口，长约57公里，沿途较为平坦，可架设桥梁，施工较易，1906年完工通车，工期不足一年。第二段从南口经关沟至八达岭外的岔道城，长约22公里，其关沟段坡度最陡，是工程最难的部分，1908年完工通车。第三段从岔道城起，经怀来、宣化至张家口，长123公里，该段线路中鹞儿梁坡陡山峭，河水湍急，修筑难度不亚于关沟段，1909年完工通车。

列车行驶在京张铁路关沟段

保险岔道

为了保证行车安全，詹天佑周密考虑，在沿线设置了多处保险岔道，如果机车发生故障，或制动失灵，列车可以驶入反向坡道的保险岔道线，以保安全，并不影响其他列车的通行。

关沟段总计设置保险岔道 12 处，分别设置在地势险隘的关沟谷口以及南口站场之上、下端。其中车站内 4 处，车站与车站的行车区间内 8 处。最长岔道约为 1231 米，位于南口站与东园站之间。保险岔道的最大反坡度为 1/10.02，位于三堡车站。

保险岔道

京张铁路竣工验道

◎小贴士

京张铁路建设费用：原预算为白银7291860两，清政府实际拨付7223984两，修筑实际支出6935086两，剩余288898两，较原预算节省356774两。京张铁路建设费用，折合成银元为每公里48600元。而同期建设的，施工难度远小于京张铁路的几条使用外国贷款的铁路，如沪宁、津浦、京汉、京奉铁路，平均每公里的建设费用分别为122900元、119000元、95600元、94600元。

詹天佑还倡导统一铁路工程标准，采用国际标准的1.435米轨距，在此基础上全国铁路才能四通八达，畅通无阻。

京张铁路用时四年建成，较原定计划提前了两年，工程质量良好且每公里费用仅为京汉、关内外等铁路的一半。这条铁路不仅被当时欧美工程师视为奇迹，即使现在仍是世界知名的铁路工程之一。

五 从军事要塞到工业小镇

南口地处燕山山脉和华北平原交接处，历来为京西北唯一能通车马的大道要塞，为兵家必争之地。作为交通枢纽和军事重镇的南口，在历史的变迁中，曾经留下了许多重要人物的足迹。

1905 年京张铁路开工建设时，作为京张铁路总工程司的詹天佑统筹全路，决定在地势宽敞的南口同时建造车站、机车修理厂、机车房、材料厂、旅馆等配套工程。从此，南口从一个军事要塞逐步发展成为一个工业小镇。

南口车站

京张铁路沿线车站由詹天佑负责设计和监造，车站建筑均按照标准图式修建，其规模及建筑方法全路大致相同。

南口车站

站房为外形对称、拱门拱窗的红砖瓦房，中间门楣凸起，上面镶嵌着写有站名的匾额。站房内设有售票室、候车室、运转室、站长室等。

◎小贴士

京张铁路车站的设置：1909年，京张铁路竣工时，实际设站14个，分别为广安门、西直门、清河、沙河、南口、青龙桥、康庄、怀来、沙城、新保安、下花园、宣化、沙岭子、张家口车站，后又添设了清华园、东园、居庸关、三堡等车站。

南口车站建于1906年，站匾上的站名由陈昭常题写，该站是由平原进入山区的区段站，属于二等站。

通车盛典

1906年京张铁路首段工程通车，同年的9月30日在南口车站举行了庆典仪式。1909年10月2日，南口车站迎来京张铁路全线通车的盛大庆祝活动，只见彩旗飘飘、人头攒动、热闹非凡。达官贵人、各国使节、乡绅名士、筑路工人、贩夫走卒、乡野农夫，熙熙攘攘、摩肩接踵，中外来宾上万人，可谓盛况空前。车站内机车长鸣，声震大地，中国人以其在铁路建设事业上的成就，向全世界展

◎小贴士

南口车站站匾

陈昭常（1868—1914），广东新会人，清朝光绪年间进士，曾授翰林院庶吉士、散馆一等编修等职。1905年，袁世凯奏准修筑京张铁路，以陈昭常为总办，詹天佑为会办兼总工程司。京张铁路的建成，既凝聚着詹天佑的心血，也有陈昭常领导协调之功。陈昭常爱好书法，于1906年夏季分别为广安门站、西直门站、清河站、沙河站、南口站题写站名。

示了自己的创造才能。邮传部尚书徐世昌致辞：“本路之成，非徒增长吾华工程师之荣誉，而后此从事工程者，亦得以益坚其自信力，而勇于图成。将来自办之铁路，继兴未艾，必以京张为先河，所关非细事也。”詹天佑在通车典礼上用中英文发表了热情洋溢的演说和致辞。他致辞道：“此路的修筑，经历了四年。在这四年内，鄙人和同事诸君，饱有引人兴味的和令人忘却疲劳的工作。我们正是以修筑全由中国人自力完成的铁路而感到自豪……而现在，中国

在南口举行的京张铁路通车盛典

已经开始由中国工程师自己筑路了，并且已经建成了第一条全由中国人自力修筑的铁路。中国确实进步迟缓，但虽迟缓，却是确实地前进了。”徐文洞在通车盛典上致辞道：“吾国铁路在萌芽时代，无所取师，恒借材异国，其能于建筑之学，深造有得，开中国工程司之先者，只吾师一人，此固海内外至今无异词也。”广东省代表朱淇激动地说：“京张铁路筑造之初，外国人著论于报纸曰：‘中国造此路之工程师尚未诞生也’，一时五洲传为笑谈。今者，詹君独运匠心，筑成此路，不假外国人分毫之力，所有一切筑造与管理，皆用中国人为之。嗟夫！如詹君者，可谓能与中国人吐气矣……夫铁路工程既可以中国人独力筑之，将来一切矿务机器制造等事，皆可以中国人自为之矣。”他们的讲话引起会场上来宾们的共鸣，也表达了社会各界人士慷慨激昂的心情。

◎小贴士

通车纪念免费车票：南口车站是京张铁路通车庆典的举办地点之一，在筹办南口茶会期间，邮传部先期将三千余张免费车票分送官绅商学各界人士，票上写明自9月20日至月底期间，“不拘何日，限来回一次之用，期内自丰台至张家口，往来客商无论从何处上车，一概免收车资，以留为中国自款造路之纪念。”

客货运输

从 1909 年 10 月起，南口车站承担了大量的客货运输任务。自丰台至张家口的直达客车，每日上下行各 1 次。头等客车票价格从丰台到广安门为 4 角、到西直门为 6 角半、到南口为 2 元 4 角，另外从南口至张家口，每日加开客货混合列车上下行各 1 次。全路货车平均每日上下行各 6 次。至 1910 年，货车增至每日上下行各 8 次。至 1911 年，全路客货混合列车增至每日上下行各 3 次，货车增至每日上下行各 9 次，丰台至张家口直达客车依旧每日上下行各 1 次。京张铁路的开通运营，为华北与塞北的人员往来及贸易带来了极大便利。长城以北的煤炭、牲畜、皮毛等特产源源不断地运入华北等地，而华北等地的棉布、砖茶、煤油、纸张及各种生活用品也远销塞北，结束了长城内外依靠骆驼运输的落后状况，大大加快

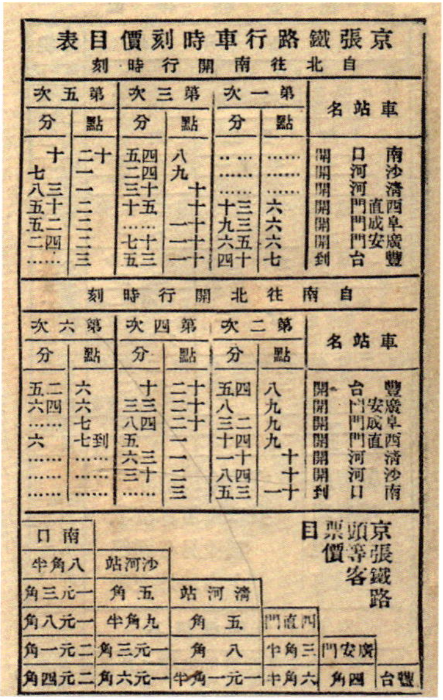

京張鐵路行車時刻價目表

自北往南開行時刻

車站名		第一次 點	第一次 分	第三次 點	第三次 分	第五次 點	第五次 分
南口	開	……	……	八	四五	十二	十
沙河	開	……	……	九	四二	一	七
清河	開	……	……	十	十三	一	三八
西直門	開	六	三十	十	五十	二	十五
阜成門	開	六	三九	十一	……	二	二五
廣安門	開	六	五六	十一	十七	二	四二
豐台	到	七	十四	十一	三五	三	……

自南往北開行時刻

車站名		第二次 點	第二次 分	第四次 點	第四次 分	第六次 點	第六次 分
豐台	開	八	四五	十二	十	六	二五
廣安門	開	九	八	十二	三三	六	四六
阜成門	開	九	二三	十二	四八	七	……
西直門	開	九	四十	一	五	七 到	六
清河	開	十	十一	一	三六	……	……
沙河	開	十	四八	二	十三	……	……
南口	到	十一	三五	三	……	……	……

京張鐵路頭等客票價目

	廣安門	西直門	清河站	沙河站	南口
豐台	四角	六角半	一元一角半	一元六角	二元四角
廣安門		三角半	八角	一元三角	二元一角
西直門			五角	九角半	一元八角
清河站				五角	一元三角
沙河站					八角半

京张铁路行车时刻价目表

了塞北的经济发展，促进了文化进步。京张铁路自通车后办理运输业务以来，第二年即盈利 75395 元，1911 年盈利增至 506794 元。1912 年京张铁路年客运量达 48 万余人次，货运量达 70 多万吨。时人称赞“此路交通，朝发夕至，昔之驼运货物，皆为铁路所揽矣”。

南口机器厂

詹天佑认为机车在关沟段的运行需要检修和更换零部件，决定在南口建立一座集机车、客车、货车的装配和修

南口机器厂

理业务为一体的工厂，经过反复论证，决定将工厂建在南口火车站附近，以便利机车修理，并承担机车零部件的制造与装配，以及机车定期检修等工作。1906年，南口机器厂在南口车站西北约0.5公里处设立。该厂由铸工厂、锤工厂、锅炉厂、模型厂、打磨厂、机车修理厂、客货车修理厂、油车厂等八个部分组成。建立初期，设备较为简陋，几乎所有工作都在一处厂房内完成。1909年京张铁路通车后，工厂的任务增多，于是增加了机车起重架等设备，以及铆炉房、修车房等厂房，工厂规模逐渐扩大。该厂还设有专运线通向南口车站，以便于运输。詹天佑兼任南口机器厂厂长，另设副总管掌管日常工作。

南口机车房

京张铁路中最著名的线路是在南口车站以北的关沟路段，其地势险峻、沟壑纵横、曲线半径小，坡度之大达到33‰，一般机车无法满足牵引力需求，故路经南口的客货列车，均需在南口车站补机，也就是在列车尾部加挂一台机车，由两台大马力机车前拉后推才能越过关沟段。出于行车安全的需要，列车在南口车站必须在爬山前和下山后，对机车和车辆进行安全检查，所以在南口设置了机车房。列车行至康庄站后摘除补机，加挂的机车就可以返回南口

南口机车房

了。机车房最初设有两座机车库，供上下坡道的机车检修使用，至今保存完好。

南口工程司处

詹天佑在1906年丰台柳村至南口段铁路建成通车后，为集中精力处理全线地势最险要、地质条件最复杂的南口至岔道城段的施工工作，将设在北京阜成门外的京张铁路工程局迁至南口，以便每天到工地指挥，解决工程难题。该工程处位于南口车站附近，其办公旧址至今依然保存完好，已辟为纪念詹天佑的展室。

詹天佑办公旧址

南口工程司处

六　穿越八达岭长城的隧道

开凿隧道

京张铁路南口至青龙桥段长约 18 公里，自南口起，地势逐渐升高，地形复杂。铁路如要顺利通过，需开挖居庸关、五桂头、石佛寺、八达岭四座隧道。其中，八达岭隧道要从长城脚下穿过，是京张铁路里程最长且施工难度最大的隧道。为节省经费和减少工程难度，詹天佑尽量选择在山岭最狭窄的地方开挖隧道，以减少长度。经过反复勘测，最后确定四条隧道的长度分别为：居庸关隧道 366.98 米、五桂头隧道 45.72 米、石佛寺隧道 141.12 米、八达岭隧道 1091.18 米。

居庸关隧道

五桂头隧道

石佛寺隧道

开挖竖井

八达岭隧道为全线最关键，也是最艰巨的工程，是我国自行修建的第一座单线越岭铁路隧道。因工期紧张，詹天佑反复选测、比较研究，创造性地运用了“折返线”的原理，在地势险峻、山多坡陡的青龙桥东沟采用“之”字形线路，使八达岭隧道长度减少一半。开凿八达岭隧道需要通过花岗杂岩地层，岩性种类多，成分变化大，风化差异明显，地质条件非常复杂。为加快进度，如期打通八达

◎小贴士

隧道简况：居庸关隧道位于关沟段的南面，山势险陡，虽然较短，但开凿时遇到洞顶塌方，工程较为艰巨，1908 年竣工。五桂头隧道位于八达岭弹琴峡东侧，地处关沟古道的峡谷内，1906 年竣工。石佛寺隧道位于水关长城石佛寺村附近，1906 年竣工。八达岭隧道位于青龙桥车站附近，1908 年竣工。

岭隧道，詹天佑顶住外国工程师认为“中国人不能承担开挖隧道的工程，因为中国人缺乏先进机械设备和施工经验，因而必须采用国外包工”的压力，迎难而上，在隧道两端两个作业面的基础上，又在八达岭隧道上方开凿了一大一小两个竖井，以增加作业面，加快开凿速度，使原来两个作业面变为六个作业面，每个作业面由60名小工组成一班，设监工一人，凿工40名，运输土石工20名，凿工以两名工人为一排，一人持钢钉，另一人持铁锤，轮流施凿，每4个小时能凿孔一寸二分大小，深约二尺，再由工头在凿

八达岭天险

好的孔中放置炸药。炸药的量经过了严格的计算，以避免引起山体崩塌。工程采用了拉克洛（Rackarock）炸药，此种炸药爆炸力强，但性能稳定，詹天佑将这种炸药首次用于隧道开凿，并取得成功，保证了施工安全并大大加快了施工进度。

随着隧道越挖越深，加上施工作业面狭小，詹天佑发现洞内空气二氧化碳含量过多，影响工人的操作和安全。他根据扇扇子的原理，设计、制作了“扇风机”，并将其架设在竖井口上，通过铁管不断向井内输送新鲜空气，加上手拉风箱，确保施工人员呼吸顺畅。他还考虑到通车后隧道检修工人的安全问题，遂每隔 300 米处修一个“避险洞”。隧道完工后，在大竖井井口处修建的通风楼保存至今。小竖井位于岔道城一侧的洞口外，该侧有长距离深挖的路堑。随着该路堑的深挖，小竖井逐渐变为露天的工作面，并最终随着路堑的消失而消失了。

八达岭隧道于 1908 年 10 月完工，只用了 18 个月且

◎小贴士

拉克洛炸药：当时矿山上常用的炸药，既能达到爆破效果，又能最大限度地保证施工安全。这种炸药爆破时几乎无危险，其爆破能力和狄那米特（Dynamit）炸药（硝化甘油）相同。

八达岭隧道通风楼

工程质量良好，揭开了我国早期自行建设长隧道工程的序幕。八达岭隧道经过一百多年通车的检验，没有出现过质量问题。在当时的技术条件下，展现了我国自主修筑铁路隧道的能力，展示了中国工程建设队伍所具有的优秀品质

◎ **小贴士**

竖井：又称直井。隧道施工时，为运送石土和便利通风或从井底分头进行挖掘，在合适地点先挖的、垂直于隧道的井筒状辅助坑道。

京张铁路全线关键工程八达岭隧道

与工匠精神，堪称近代隧道工程史上的奇迹。

八达岭隧道竣工后，詹天佑等人受到邮传部尚书徐世昌的嘉奖。

七 出所学 尽所知 图强国

詹天佑设计并主持修建京张铁路，开创了中国人凭借自己的力量修建铁路的先河，是中国人将西方铁路技术移植中国的典型案例，是中国人首次彻底掌握西方铁路铺设技术的成功表现，是中国传统技艺融入西方工程技术的典范。京张铁路的设计价值主要在于其蕴含的科技力量。作为百年工业标本，其反映了西方铁路技术移植中国的过程。

《西学东渐记》封面

铁路作为西方世界的“舶来品”，初入中国之时，由不同的外国财团占有路权，工程设计、建筑标准、机车及车辆设备、通信信号设备、运营管理标准等零乱繁杂。詹天佑及其团队自承担京张铁路工程起，就将自己在西方所学全部投入其中，一边开展工作，一边致力于工程标准的制定，施工过程的拍摄记载，适应工程的设备引进及相关设备方案的制定，适宜的工程设计方案的引进和改良，传统工匠技艺的创新应用，建成后运营管理制度的制定，中国工学人才和管理人才队伍的培养，等等。以詹天佑为代表的有志于为国筑路的年轻工程师聚集在京张铁路修筑现场，一方面因地制宜地采取新的技术措施，并引进国外新的技术设备；一方面制定了一系列先进管理办法和制度，保证了修筑任务的顺利完成。这些技术措施和管理办法成为中国铁路很长一段时期最有价值的范例。

开创性成就之一：厘定标准，首定工程规范。

《京张铁路标准图》是我国自行制定的第一套标准设计图。这套标准图于1913年由中华工程师会在广州出版。詹天佑非常重视工程标准化，主持编制的京张铁路工程标准图内容包括该铁路的桥梁、涵洞、轨道、线路、山洞、机车库、水塔、房屋、客车、车辆限界等，共49项标准，

◎**小贴士**

舶来品：原指通过航船从国外进口来的物品。旧时外国商品主要由水路用船舶载运而来，故名。可引申为从外国传入本国的东西，包括技术、物品、文字、语言，等等。

图纸 102 幅。

这套图的特点是：1. 适时、节俭、可持续、高标准。2. 工程设计以头等干线为标准，如采用标准轨距 1.435 米，路基宽度 6.1 米，

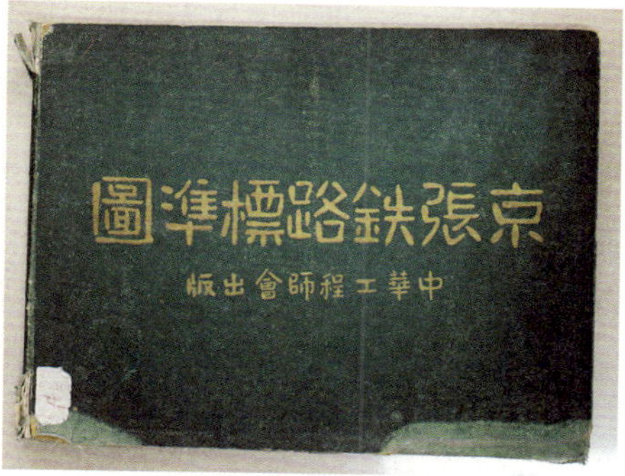

《京张铁路标准图》封面

正线用 42 公斤 / 米钢轨，轨长 9.15 米，每节钢轨铺设枕木 13 根，正线道岔为 12 号。3. 设计力求节约，以实用为原则，“从简朴不务华瞻”，“按节省办法划定标准图式”。4. 设计融合中国传统文化因素，如普通职工住房多采用当地习用的火炕，旁筑锅台，其门窗梁式均为中国式，上设拱形装饰，以求美观。5. 恪守政府规定，如工程计数采用当时官方通用的苏州码，在标准图中专门制定了苏州码的数字书写规范，线路里程标、坡度标均照此设计。6. 京张铁路在关沟段采取的一些特殊设计和措施，均未编入标准图册中。

◎小贴士

标准轨距：即宽度为 1.435 米的轨距，我国和世界上大部分国家多采用这种轨距。

开创性成就之二：洋为中用，适用本土。

京张铁路在路线选择上，取平取直，以降低工程难度和费用，利于行车并降低线路维护成本，特殊路段则因地制宜，如面对几乎无法避绕的八达岭，詹天佑团队通过多次实测对比，最终选定了关沟段路线。在此段采用了美国山地铁路的一种设计形式——以长度换高度的“人字线”的设计，成为中国铁路工程建设的典范，凸显了中国工程师学习与创新的能力。此外，还有大马力山地机车的引进，新型詹尼车钩的引进及其在全国铁路系统的推广。隧道工程采用了爆炸力强且安全的拉克洛炸药。

大马力机车

开创性成就之三：传统技艺的应用与创新。

京张铁路由于经费紧张，购置国外先进设备受限，在修建时，须采用传统技术并进行改良和创新，如开凿八达岭隧道时，采用开挖两个竖井以增加作业面等施工方法，以提升开凿进度。为节省水泥和砖块，开办工厂生产片石。首次采用混凝土掺入片石的建筑材料，一些厂房的墙壁，也用片石代替砖来建造。在修建厂房时，地基多采用石灰、黏土和细沙组成的三合土，以替代水泥。为了加固地基，

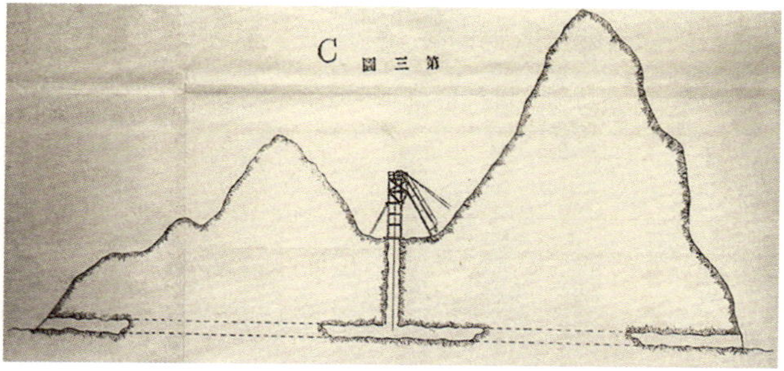

竖井设计图

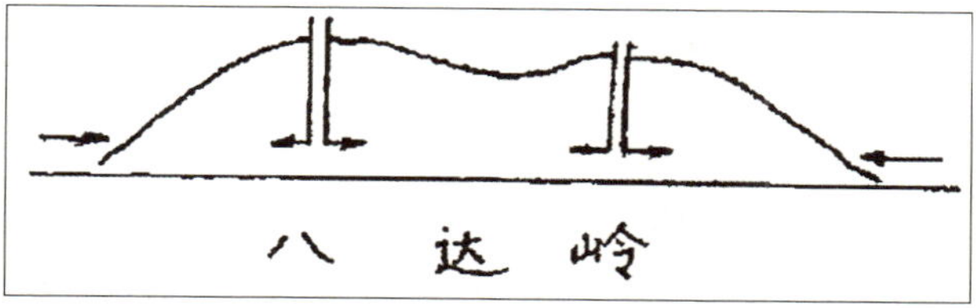

八达岭隧道剖面示意图

多采用桩柱法。使用三合土、片石及桩柱法都属于传统技术在铁路建设中的运用。

开创性成就之四：规范站房建筑。

站房是铁路与地方的联结点，反映出设计者的审美风格和区域风情，如中东铁路建筑多为俄罗斯风格，胶济铁路建筑多为德国风格。大部分铁路站房不仅是本路线的标志，同时总会成为当地的地标性建筑。京张铁路的站房采用的是统一的形制，按照车站运输量大小，将站房建设分为四个等级，同一等级的站房样式规模都一样，而不同等级的站房，规模不同，样式统一。

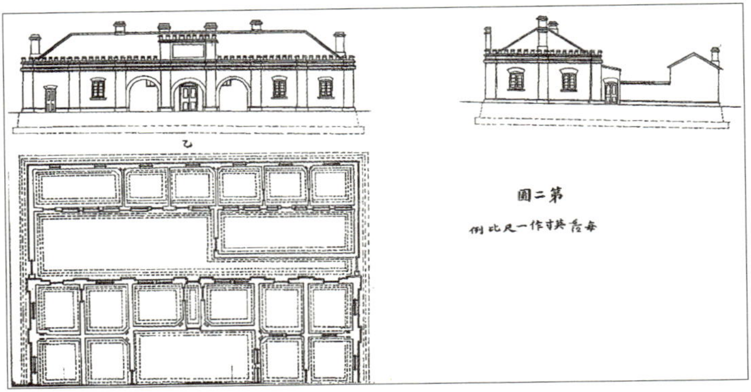

车站设计和布局图

开创性成就之五：在实践中培养技术人才队伍。

修建京张铁路之前，中国铁路建设从选线、勘测、设计、施工到运营管理，都由外国人把控。中国少得可怜的技术人员也只能承担一些配角性的工作。京张铁路确定由中国人自行修建时，清政府几乎调集了分布在全国各条铁路线上的中国工程技术人员参与，《京张铁路工程纪略》记载当时的工程技术人员不过 8 人，但是詹天佑秉承“中国铁路由中国人修”的宗旨，在京张铁路工程中雇用留学归国技术人员、山海关铁路官学堂毕业生、天津北洋武备学堂附设铁路工程班首批毕业生等参加铁路工程设计、施工和运营管理。在实践中培养出能承担起修建京张铁路和维护京张铁路正常运营的人才队伍，为日后中国铁路发展培养出第一批铁路技术人才。

1907 年，继任总办的詹天佑（右四）与前任总办陈昭常（左五）及其他同仁在关沟段铁路拱桥前的合影

1914 年，张绥铁路张家口至大同段竣工，京张及张绥铁路同仁欢迎詹天佑视察时的合影

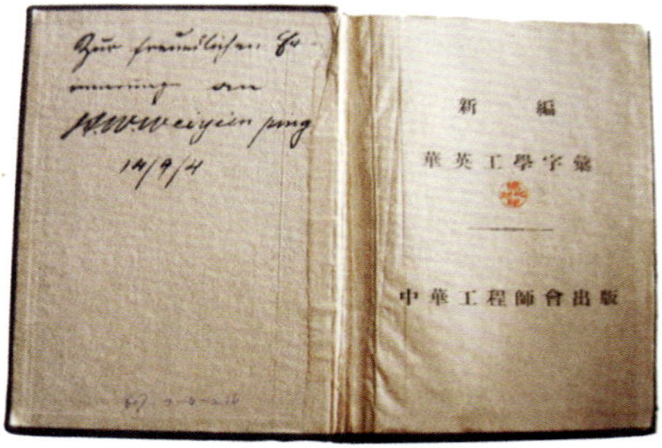

《新编华英工学字汇》书影

开创性成就之六：完善的档案资料留存。

京张铁路是清末铁路工程中留存技术档案资料最完整的一条铁路。仅詹天佑就亲自编撰出版了《京张铁路工程纪略》《京张铁路标准图》《新编华英工学字汇》等著作，这些著作曾在我国工程技术界产生重要影响，另外还有影像资料《京张路工摄影》，为后人了解、认识和研究京张铁路提供了完整的资料。

八　中国的铁路当然要用中国的计数法

苏州码

在百年京张铁路线上，我们能看到一些标有奇怪符号的石碑，这些符号似乎表示数字，但又完全不同于阿拉伯数字。现代人会觉得很奇怪，这些怪异的文字表达了什么意思？

其实这些文字就是中国古老的数字符号——苏州码。苏州码是由算筹演变而来，至明代成为完整统一的一种数码，并被商业界作为暗码使用。至清末民初，广泛应用于民间，后也被用于官方。从旧时各种官私账本中可以看出，很多人在记账时采用了苏州码。

京张铁路线路的标志为何要采用苏州码呢？这就要从京张铁路的所有权说起。京张铁路是清政府自主修建的官办铁路，其官方记数的规范符号就是苏州码。故即便詹天佑是西学归来，他给政府办事也必须按照政府规定来出具规范的文件和工程要件。这充分透露了京张铁路的两个重要信息：一是这条铁路的中国血统；二是这条铁路的自主官办身份。

通过京张铁路线路标志，让我们认识一下苏州码的计数方式。其具体形式如下：

苏州码	〡	〢	〣	〤	〥	〦	〧	〨	文	十
中文数字	一	二	三	四	五	六	七	八	九	十
阿拉伯数字	1	2	3	4	5	6	7	8	9	10
汉字大写	壹	贰	叁	肆	伍	陆	柒	捌	玖	拾

中华人民共和国成立后，为便于对铁路进行统一管理，铁路线路标志统一使用阿拉伯数字，原先铁路沿线的标志也逐步更换。既然如此，我们今天还能看到百年京张铁路

◎小贴士

铁路线路标志：根据行车及铁路线路养护维修的需要，在铁路线路上所设的各种表示铁路建筑物及线路设备位置或状态的标志。通过各种线路标志可使铁路工作人员了解线路状态，便于进行线路维修、检查，执行任务和联系工作，并使机车司机依据各种标志的要求操纵机车，达到安全运行的目的。线路标志主要有公里标、曲线标、桥涵标、坡度标及局、段、工区的界标等。

青龙桥站展示的标有苏州码的石碑

青龙桥站展示的标有苏州码的石碑

使用苏州码的路标吗？答案是肯定的。虽然如今在京张铁路沿线已较难看到，但时常有铁路迷考察时发现这些遗弃在铁道边的标有苏州码的标志碑，并加以保护。移步百年京张铁路的青龙桥火车站，那里的室外展陈区集中展示着 7 块半从铁路沿线收集而来的线路标志，进入候车室，还能看到对苏州码的详细介绍。

◎ **小贴士**

坡度标：设在铁路线路纵断面的变坡点处的标志。正面与背面分别表示两边的坡度和坡段长度，箭头上斜为上坡，下斜为下坡，箭头尾部数字表示坡度千分率，下面数字表明坡度长度（米）；侧面标明变坡点位置。

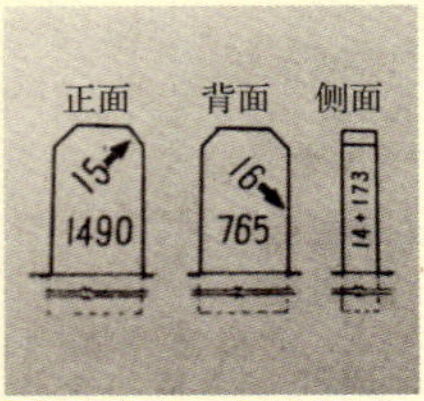

坡度标

九 漂亮的“人”字形展线

站在长城脚下京张铁路青龙桥车站，顺着铁路线向东看，您能清晰地看到一个用钢轨铺成的大大的“人”字。这就是在我们语文课本中讲到的令国人骄傲的“人”字线。

京张铁路最陡峭的路段是南口至青龙桥的关沟段。这段铁路的坡度超过了火车最高爬坡率25‰的标准，达到了33‰，需要开凿很长的隧道才能让火车顺利通过。可在百年前，开凿长距离隧道是非常困难的。詹天佑以其所学知识，将美国高山铁路设计中，延长线路来减缓纵坡，用展线两端之间的里程来降低高差的方法，运用到陡峭坡道的铁路建设上，“以缓解坡度的险陡，减少隧道的长度”，于是就有了我们今天看到的“人”字形展线。列车为了走到“人”字一撇的尾部，先顺着“人”字一捺到达顶端，然后再掉过头来上行。这样延长了列车运行的距离，提高

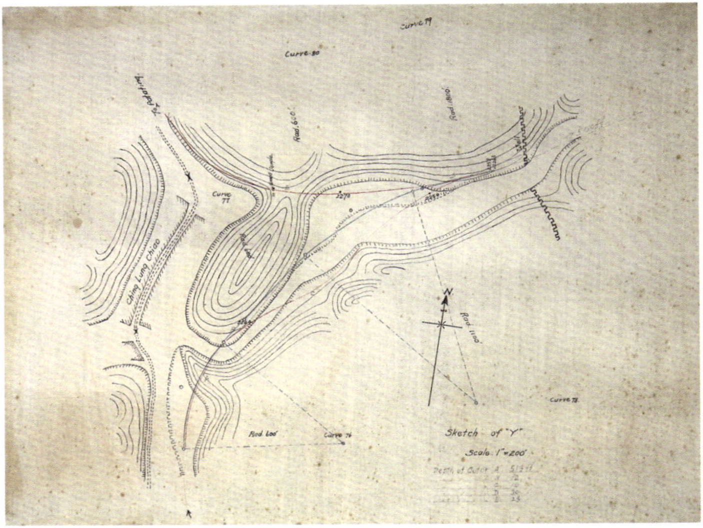

“人”字线定测图

“人”字形展线

了列车爬升的高度，解决了陡峭坡道的通行问题。这是我国铁路史上第一个运用到干线铁路上的“人”字形展线设计。

中国人对詹天佑设计的青龙桥车站，核心关注点还是其可以看到“人”字线这一文化地标。这是民族情结的缘故，不仅体现了詹天佑在中国自主承建干线铁路上的开创性实践，更揭示了詹公“以建设谋求社会进步的创业观念”和“勇于敢为，力求创新的宏伟成就”。催发今天爱国青年“立人、立志、立业”，把个人的美好理想与祖国的建设联系在一起，务实进取。

行驶在京张铁路上的火车无论进出北京都要由机车牵引进入青龙桥车站，驶入“人”字形线路后，通过道岔转换方向，再驶往前方的目的地。下图是一列上行火车和一列下行火车，两列火车同时行驶于该展线上。

行驶于“人”字形展线上的火车

铁路道岔实地图

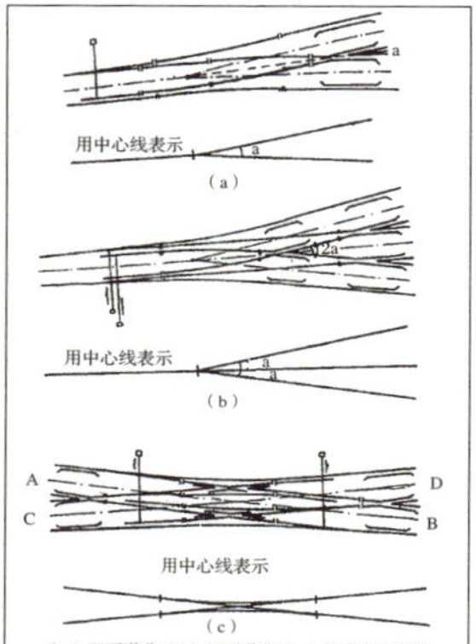

(a) 双开道岔 (b) 三开道岔 (c) 复式交分道岔

几种常用道岔

在很多介绍京张铁路的书籍中，常见对这一设计的误读，即把詹天佑的贡献说成是全世界首创，认为其发明了“人”字线这种设计，尽管这是出于对历史人物的敬重，但如果这种“敬重”建立在不尊重科学技术发明史的前提下，最终只会有损詹天佑的声誉，还原事实真相才是对詹天佑先生的真正尊重和崇敬。在饱受列强欺压的年代，詹

◎小贴士

道岔：使列车由一条线路转入另一条线路的设备。每组道岔一般由转辙器、联接部分、辙叉、护轮轨和叉枕等组成，铺设在直线上。按照用途和结构可分为单开道岔、菱形交叉道岔、交分道岔等。

地下长城站模型展示

天佑以其自强不息的奋斗精神带领中国工匠，以突出的业绩奉献祖国，维护了民族的声誉和权益，增强了民族自信心，同时也回应了时代的需要。

◎小贴士

铁路展线：在地面平均自然坡度大于或等于定线坡度的地段修筑铁路，为了使线路上的列车在某一水平距离内能爬到一定高度而修建的延长线路，称铁路展线。展线有简单和复杂两种情况，简单展线是用两个或几个反向曲线来展长线路；复杂展线是用许多曲线联接而成，主要有套线、灯泡线、“人”（“之”）字线和螺旋线等形式。

新八达岭隧道

从今人的视角看来，詹天佑当时选择的这个方案并非最理想的设计，而是受当时经济条件、施工技术条件和科技水平的限制不得已而为之。如今中国基建技术水平大大提高，京张铁路关沟段这类路段已经不再是难点，如今类似路段多以修建超长隧道和特大桥处理。如今京张高铁为保护原有的京张铁路工业遗产和古老的长城，其工程技术人员在设计中巧妙地避过了需要保护的铁路工业遗迹，设计了从地下穿行的八达岭隧道，施工人员运用现代施工技术，顺利完成这一工程。京张高铁不仅开通了新八达岭隧道，还在隧道内修建了一个国内埋深最大的高速铁路地下车站——八达岭长城站。为消除对文物和环境的不利影响，施工首次采用精准微损伤控制爆破等先进技术。同时，为实现进出站客流完全分离，首次采用叠层进出站通道形式。为提供紧急情况下快速无死角的救援条件，首次采用环形救援廊道设计。八达岭隧道与“人”字形展线，在青龙桥站场形成了新旧京张铁路的地空立体交错，将原先的“人”字改写成了一个立体的“大”字，在这崇山峻岭间“碰撞”出和谐的交响乐。

十　被误读的“詹式车钩”

京张铁路建成后，詹天佑考虑到火车行驶于大坡道时的行车安全问题，购进并使用了詹式自动车钩。这种车钩的应用大大增加了列车编组操作和列车运行的安全性。同时，詹天佑向清政府建议在全国铁路推广使用，以提高列车行驶的安全性。

在此之前，中国铁路的列车多采用链子车钩和螺旋车钩。使用链子车钩，列车摘挂方便，适用于平原地段行车，但山地行车易发生脱钩危险；使用螺旋车钩时，车钩连接后用螺旋拧紧，可保证在山地行车的安全，但列车摘挂不便。在詹天佑力荐下，京张铁路采用詹式自动车钩，摘钩及挂钩操作较方便，在山地行驶无脱钩之虞。

京张铁路引进的自动车钩是美国人埃利·詹尼（Elli Janney）于 1873 年发明的。詹尼是一名铁路工程师，他当时就职的铁路公司经常处理连接或者拆分车厢时发生的事故。他认为用铁链连接车厢实在是太不靠谱了，故障率高，甚至有时在火车开动时还会使车厢脱节，导致事故发生。要是能改进火车车钩，让车厢连接和拆分变得简单易操作、安全性高，不就可以解决大量麻烦，同时也解放工作人员的时间了嘛！

鉴于此，詹尼力图改进车钩，虽经过多次研究试验，不断改进设计，但一直没有头绪。据说，有一天他拉着爱人散步，两手相握时脑中灵光一现，灵感就这样不期而至。两只手可以轻松牵在一起，分开也很容易，若是把火车挂钩设计成“十指相扣”的样式，是否就能解决困扰自己的难题？想到这里他赶紧画了设计草图。最初，他用木头做成挂钩来试验，经过不断改进，终于发明了自动车钩。他发明的车钩从外形看像两只握紧的手（故也被称为“握式车钩”），由钩头、钩身和钩尾组成，在钩头内装有钩舌、

◎小贴士

车钩：用来实现机车和车辆或车辆和车辆之间的连挂，传递牵引力及冲击力，并使车辆之间保持一定距离的火车部件。由钩头、钩身和钩尾三部分组成，钩尾装有钩尾框，框内装设缓冲器。缓冲器的两端装有从板，其与车底架中梁上的从板座相贴合。

钩锁铁等部件。当车钩内的钩舌被钩锁铁挡住时，两节车厢就连挂在了一起；当钩锁铁被提起时，钩舌被拉开，就可以把连挂的两节车厢分开；任意一个被拉开钩舌的车钩与另一个车钩碰撞，就可以连接在一起。这无疑大大节省了连挂和拆解车厢的时间。詹式自动车钩经过不断改进，于 1873 年定型，1893 年，美国国会通过决议条款，命令各铁路公司必须采用詹氏车钩。

这个车钩因被称为“詹式自动车钩”，又是由詹天佑最先引进中国铁路使用，故一些人误以为它是詹天佑发明的。这个误传从詹天佑时代就有，詹天佑本人就曾听说过这种误传，对此，他诚恳地对周围的人说：“请同事们帮助我解释解释，没有这件事。”后来，詹天佑编著《新编华英工学字汇》时，有意不用“詹”字而改用“郑”字，将其译为“郑氏车钩”。这一字之差见精神，表现了詹天佑严肃、诚实，不掠人之美的高尚品德。

詹式车钩模型

曾组织中国第一批官费赴美留学幼童的容闳有言：“以西方之学术，灌输于中国，使中国日趋于文明富强之境”，“借西方文明之学术以改良东方之文化，必可使此老大帝国，一变而为少年新中国”。詹天佑将其所学西方科学技术无私地奉献给他热爱的事业，以严谨的工作态度，关注到每一个工作细节，从引进小小的詹氏车钩一事就可看出。在承担京张铁路修筑任务时，詹天佑就线路等级、桥梁载重、路基宽度、曲线最小半径、限制坡度、站台高度、车辆限界、机车载重、车钩安装等的标准提出说帖并呈给主管的商部，精益求精，力求做到最好。

詹式车钩实物

◎小贴士

容闳：广东香山县南屏村人，中国近代著名的教育家、外交家和社会活动家。1854年美国耶鲁大学毕业，是第一位在西方接受教育并获得学位的中国人，是中国留学事业的先驱，被誉为“中国留学生之父”。对中国近代西学东渐有不可磨灭的贡献。他参与了中国近代史上两件大事：创建第一座完整的机器厂——上海江南机器制造总局；组织第一批官费赴美留学幼童。

容闳

十一 消失的“马莱机车”

蒸汽机车的轰鸣声里有讲不完的故事，曾经在京张铁路立下汗马功劳的马莱型蒸汽机车，像巨人一样拥有着一颗火热的“心”，充满了力量。

重视机车型号的选择

詹天佑在修建京张铁路时，尤其在选定线路时，非常注重机车类型的选择。鉴于关沟段“自居庸关至八达岭，线路不长而高度相差甚远，且山环谷曲，无地旋车，虽极力将线路延长，仅得三十尺高一尺之坡度焉”。为解决京张铁路关沟段坡度达 33‰的大坡道上机车牵引问题和行车安全问题，1906 年，詹氏多次写信给他的美国同学洛德（E. P. Lord），了解美国大坡道行车的机车类型。他在信中说：

“我这里有一项艰巨的工作，此处有长约 12 英里的铁路，其坡度几乎连续为 1/30，又无其他线路可选，在这样的陡坡道上行驶的机车，你生产过没有？我们的车辆大多为 30 吨车，有没有可牵引 10 辆这样的重车在这种坡道上行驶的机车？希望你告知我关于此种机车的价格情况（当然是蒸汽机车）。轨距为 4 英尺 8 英寸半，煤是烟煤，并非硬煤。”1907 年，詹天佑又写信给洛德，以进一步了解大马力机车的性能，他在信中告知：“在 12 英里长，33‰坡度的路线上采用何种机车，我尚未做出决定，据你所知，美国有没有这样大坡道的铁路？哪种类型的机车能确保在这样的大坡道上运行安全？我想最不利的情况，恐将是机车在下坡道行驶的时候。制动以后，整个列车是否将沿轨面向下滑动……”在多方了解美国、英国机车公司的情况后，根据关沟段坡度大小和曲线半径，最初确定使用唐山机车工厂定购的摩格尔（Mogul）型蒸汽机车，其采用双机牵引，轮式排列 2-6-0（2 个导轮 6 个动轮），之后从美国赉玛厂（Lima）进口了 6 台谢氏（Shay）齿轮传动立缸机车，此种机车适用于在山区铁路上运行，

摩格尔型蒸汽机车

但速度较慢。关沟段通车初期，限速为每小时 10 英里（约 16 公里），随着运输能力的发展，谢氏机车后来不再使用。

引进马莱型蒸汽机车

1908 年，京张铁路从英国北英机车公司购置 3 台“复胀式”马莱（Mallet）1 型蒸汽机车，机车自重 139.6 吨，全长 21.654 米，动轮直径 1.295 米，轮式排列 0–6–6–0（前后两组动轮，各有 6 轮），该型号机车适用于关沟段大坡道上行驶，并可以通过小半径曲线。1909 年，又购进 1 台该类机车。

1911 年，从美国播德温（Baldwin）机车工厂购进 4

◎ **小贴士**

“复胀式”蒸汽机车：机车中设有一对高压气缸，一对低压气缸，锅炉的高压蒸汽先在高压气缸中做功一次，高压气缸排出的废气，再在低压气缸中做一次功，之后经过乏汽喷口由烟筒排出，这样的设计可以充分利用蒸汽的能量，因此采取此种设计的机车称“复胀式”蒸汽机车。这种机车外观的最大特点是气缸一个大，一个小。“复胀式”蒸汽机车每个气缸都连接一组动轮，两组动轮之间采用非固定连接，这样就减小了机车的固定轮距。虽然这种机车的走行部比较长，但也能在较小曲线半径的山区线路上行驶。

京张铁路使用的马莱 3 型蒸汽机车

台马莱 2 型蒸汽机车，机车自重 119.29 吨，全长 20.663 米，动轮直径 1.219 米，轮式排列 2–4–4–2（2 个导轮、两组动轮且每组 4 个、2 个从轮），由于增加了导轮和从轮，所以这种机车更容易通过转弯半径小的线路。此外这种机车设有蒸汽发电机，可为机车照明提供电能。

1914 年，从美国机车公司购置了 7 台专为关沟段制造的马莱 3 型蒸汽机车，机车自重 187.66 吨，全长 26.035 米，动轮直径 1.27 米，轮式排列 2–8–8–2（2 个导轮、两组动

◎小贴士

马莱型蒸汽机车：瑞士工程师马莱于 1890 年开始研制的一种活节蒸汽机车。活节机车的构造特点是两组动轮车架可以在连接轴处做相对转动，易于车身在山区铁路弯道通行。马莱型活节蒸汽机车是活节机车的重要类型。1905 年，美国开始大量制造并改进马莱型蒸汽机车，京张铁路引进的马莱型蒸汽机车，是当时世界上的新型机车。

轮且每组 8 个、2 个从轮），专供南口机车房使用。

1921 年，又从美国进口了马莱 4 型蒸汽机车。该型号机车具有 4 个汽缸，其功率比其他型号的机车更大。机车自重 289.67 吨，全长 28.905 米，动轮直径 1.27 米，轮式排列 2-8-8-2，因为非常重，所以被规定只能在京张铁路南口至康庄之间来回行驶，并在南口机车房维修和养护。马莱 4 型蒸汽机车在司机室下方铸有警告牌，牌上铸有“这种大火车头非常重大，只准在南口、康庄一段之间来回驶行，因在南口以南及康庄以北，所有的桥梁力量不足，都承受不住这种重大车头，要是擅行驶用，必至压塌桥梁，损坏车头、车辆，伤及生命，非常危险，切告、切告”的文字。

◎小贴士

安全措施的制定：鉴于京张铁路关沟段内坡陡弯多，以及长城以北风沙大、行车险等特殊困难，詹天佑主持制定了一系列确保列车正常运行的有力措施和规则，包括《南口至康庄行车特别规则》《司机匠应遵守风闸规则》《南口康庄段内行车汽号及保险搬闸简明规则》《风雨雾雪行车特别规则》《南口至康庄行车遇险救援办法》等。这些规则成了中国铁路史上第一套严格、科学、具体、细致、实用的铁路行车规章制度，不仅为京张铁路列车运营提供了有力的保障，而且为全国铁路列车运营提供了规范。

马莱 4 型大马力机车行驶在关沟段上

带有警告牌的马莱 4 型蒸汽机车

二十世纪五六十年代，马莱型蒸汽机车陆续报废，一些机车零部件被焊接成青龙桥车站上的护栏，现作为文物保留了下来。

十二 豪华的机车“别墅”

你知道京张铁路上行方向进入北京后第一站康庄站的独特之处吗？进入康庄车站，我们可以看到整个站场还保存着京张铁路原有机车库、水塔、加煤台和检修地沟等附属设施，这种站场设置反映出当年京张铁路机车就是在此进行修检和整备。康庄站最独特之处就是拥有当时中国最豪华的铁路机车“别墅”——建于1908年的蒸汽机车库。

康庄车库现状

老车库有百米长，3层楼高，用青砖砌成，有两扇高耸的拱形大门。百年前，京张铁路上行驶的蒸汽机车就是从这两扇大门开进开出。詹天佑曾在自己的《京张

20 世纪初的康庄站

◎小贴士

机车库：俗称车房，用以停放、检查和修理机车的建筑。按库内线路可分为贯通式、终端式、矩形式、扇形式、阶梯式。

站场：以车站为中心，以线路的上行线和下行线两侧进站信号机为界，此区间内都属于站场。到发场、旅客候车厅、调车场、咽喉区、维修区、检修区、牵出线、机车走行线等都属于站场内设施。

上下行列车：在干线铁路上向北京方向行驶的列车和支线铁路上向连接干线的车站行驶的列车，为上行列车，上行列车编号为偶数。反之则为下行列车，编号为奇数。

康庄站的水塔和车库

铁路工程纪略》一书中，用整整一个章节来描述康庄机车库的建筑设计及施工细节，足见康庄车库在当时的地位，实际上并不亚于人们津津乐道的“人”字形铁路展线。

为什么要修建机车库？又为何在康庄站修建机车库？詹天佑在《京张铁路工程纪略》中说明了修建机车库的必要性和重要性。他说：“机车库亦行车上重要之部分。盖机车既常须洗刷而往来接替，又断难露置，且本路路线高低不一，关沟一带坡道最急，非普通机车所可驶行，故须置马立特式之山坡机车，以为上下山坡之用。机车既不一，则接替必更频繁，若任其露置则必受雨露之侵损，为害必匪浅。故特于南口康庄两处（为山道起终之地点）特设最大之机车库各一所。”这段话的意思是，机车库作为火车运行时保证日常养护和维护的必要设施，需慎重对待，再

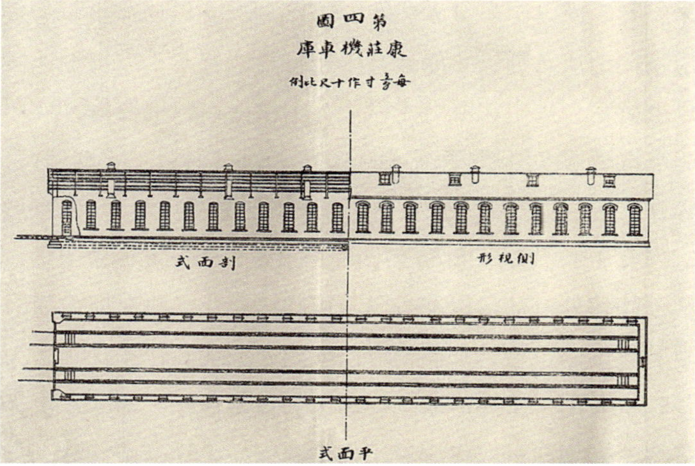

康庄机车库设计图（整体）

加上关沟一带山路陡急，为此特意购置了与普通车道所用不同的山地机车，其配套的车库也要大于普通车库。

那么，我们来看看康庄机车库的独特之处。

京张铁路因添置了特别的山地机车，故机车库采用了加长版的库长设计，在普通机车库的设计标准 76.6 米基础上加长为 80 米，宽则依规范为 11.4 米，这样的机车库可容纳大号机车八辆。为节省工料，车库采用升降烟囱，降低净高设计，较规范高低 1 米，为 5.7 米，砖檐由八九级，改为二层砖厚，省钱而又不影响外观。车库因直墙已有两砖之厚，故未设墙垛。大门左侧设便门，以便工人出入，启闭自由。车沟中添设三条泄水道横贯车库，其宽和深约 0.3

米，其底部以洋灰筑成坡度 1/60 的斜坡，以便泄水。为适应不同地质条件，车库地基采用桩柱法施工，以增加地质硬度。窗台用水泥混合土做成，上留槽口以嵌窗框，外作斜坡以免雨水停积，每窗相距 3.3 米，南北各设二十四副窗，窗顶之砖拱，外突寸许，窗高 3.6 米、宽 1.3 米。半圆拱形大门宽 4 米、高 5.3 米，门四周留沿边，用三叉形铁门轴，墙面相切处钉油毡以减少门与墙相碰之力。机车库内通双轨，故设两道检修车沟，取凸形沟之南而特设千斤顶，为修理机车用，屋内沿墙均安装水管以备洗车之需。库房为塔楼式，烟囱十二座分设于南北两面，采用升降式。烟囱分内外两筒，内筒长 4 米、半径 0.66 米，用 14 号白铁制成，

车库内保留着原状的检修车沟

上加尖式帽以避风雨，外用扁铁箍数道以铆钉钉紧。天窗本为通气，但遇到风雨时，必须关闭以防雨水渗入，然而屋顶极高，故采用自动开闭式天窗设计。天窗高 1 米、宽 0.8 米，用四块玻璃装以木框制成，木框自带斜面以便天窗开启和关闭。窗之上半距中部约 0.1 米处，横贯一螺丝栓，透过窗框而装于窗楼直柱之上，穿螺丝之孔略大，所以能转动自如。

机车库的设计体现了詹天佑当年修筑京张铁路时的精巧构思。其看似普通，内部却充满玄机。比如，为满足蒸汽机车排烟的要求，每条轨道上方都配备了可以自动升降

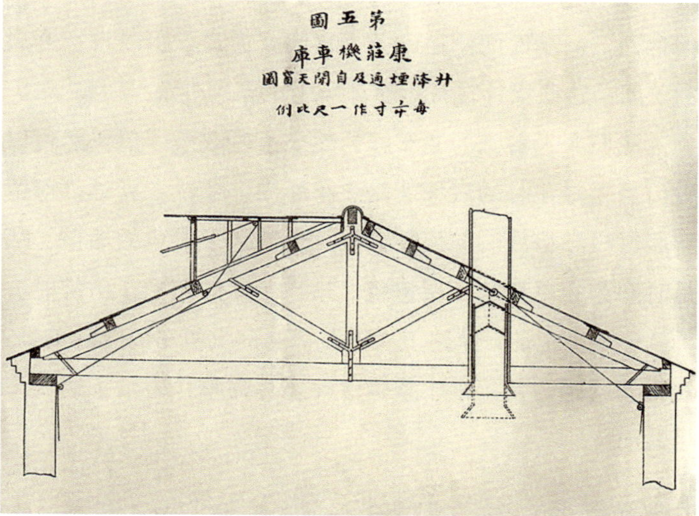

康庄机车库设计图（升降烟囱及自闭天窗）

1928年4月京绥铁路康庄火车房工作人员合影

的烟囱，而车库两侧还配备了自闭式窗户，可以自行开启和关闭。这些设计在百年前都属于世界先进水平。

我们今天看到的老车库虽然已有些残破，但仍然可以看出当年修建时的宏伟气势。车库内部墙壁上到处都遗留着蒸汽机车检修时的痕迹，被煤烟熏成了黑色的墙壁，那是时间为它裹上的一层包浆。站在车库的正中，仿佛能够看到一个世纪前，铁路工人正在检修蒸汽机车的热闹场景。让我们欣慰的是，车库整体保存还算完整，留给了后人无尽的回忆。

十三　站小名气大

在北京西北军都山关沟地界的一条狭长山谷里，有一座叫青龙桥的火车站，它是京张铁路沿线的三等站。此处极具韵味的车站建筑与对面山脊上蜿蜒的长城，以及山下铁轨缓缓停靠的火车，不仅是古老文明与现代文明的奇妙碰撞，也是东西方文化的完美结合。

◎小贴士

车站：即列车到发、会让或越行的分界点，备有配线，一般经常办理客货业务。车站按设备和作用分为编组站、区段站、中间站；按业务性质分为货运站、客运站、客货运站；按业务量和复杂性分为特等至五等；按线路和车场布置分为横列式、纵列式、半纵列式；按车站位置分为通过式、尽头式。

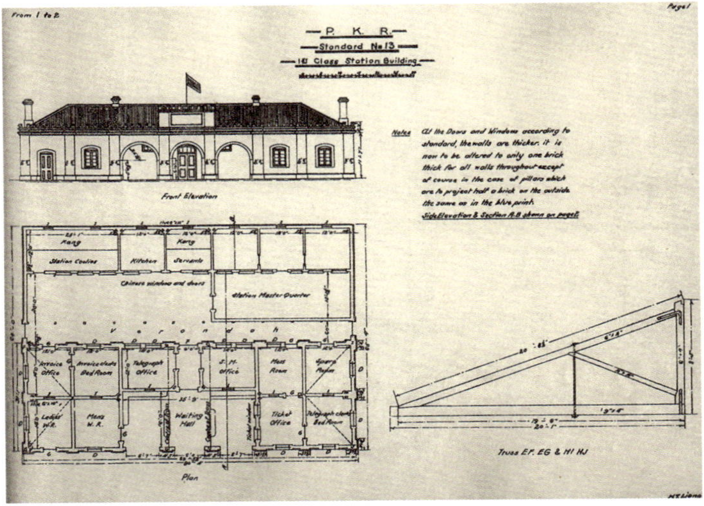

京张铁路车站标准图

青龙桥车站虽然是一个三等小站，却因詹天佑巧妙的工程设计——有效利用地形将八达岭隧道和“人”字形铁路展线组合起来修建于此，在中国铁路工程史上留下浓墨重彩的一笔。20世纪国内交通大学工程系的学生常选择此地实习，以此铁路工程之经典力作为样本开展实习活动，作为毕业设计的遵循。从此处经过的客运列车都会停泊数分钟，与其他车站不

雪夜中宁静的青龙桥站

◎小贴士

车站等级划分：根据《铁路技术管理规程》规定划分的，办理客运、货运业务并担当货运列车解编技术作业的综合业务的车站，凡具备下列三项条件中两项者即可定为该档次等级：

特等站：1. 日均上下车及换乘旅客20000人以上，并办理到发及中转行包在2500件以上。2. 日均装卸车在400辆以上。3. 日均办理有调作业车4500辆以上。

一等站：1. 日均上下车及换乘旅客在8000人以上，并办理到发、中转行包在500件以上。2. 日均装卸车在200辆以上。3. 日均办理有调作业车2000辆以上。

二等站：1. 日均上下车及换乘旅客在4000人以上，并办理到发、中转行包在300件以上。2. 日均装卸车在100辆以上。3. 日均办理有调作业车1000辆以上。

三等站：1. 日均上下车及换乘旅客在2000人以上，并办理到发、中转行包在100件以上。2. 日均装卸车在50辆以上。3. 日均办理有调作业车500辆以上。

四等站：办理综合业务，但按核定条件，不具备三等站条件者。

五等站：只办理列车会让、越行的会让站与越行站。

首都、中央直辖市及个别省府所在的车站，可酌定为特等站。省政府所在地的车站及重要的国境站、口岸站，可酌定为一等站或二等站。工矿企业比较集中地区所在地的车站及位于三个方向以上并担当机车更换、列车技术作业的车站，可酌定为二等站或三等站。

同的是，其他客站停靠时旅客是下车散步或购买食品，而此站旅客下车多是奔向车站西侧，瞻仰伫立于此的詹天佑铜像。

该站是传统建筑样式的合院式布局，主体站房长 19.69 米、宽 15.62 米、高 4.01 米。站房正中央上方有时任京张铁路会办关冕钧所题写的匾额，上书“青龙桥车站”，下标“CHINGLUNGCHIAO”威氏拼音写法的英文。站场还基本保留着一百年前的原貌，其主要建筑基本保持原来风格，站房的西侧竖立着 1922 年民国政府为纪念詹天佑所立铜像和由时任大总统徐世昌亲自撰写碑文的石碑。铁道

京张铁路青龙桥车站

部、中国铁道学会以及北京铁路局，根据詹氏后人的意愿，于1982年5月20日将詹天佑及其夫人的骨灰迁葬于站舍后的南坡，建“詹天佑先生之墓”并树立了介绍詹天佑先生生平的石碑。

随着人们对工业遗产保护意识的觉醒，青龙桥站留存的铁路工业遗产引起越来越多人的兴趣。2007年，首都博物馆承担北京市文物局工业遗产调研课题中京张铁路的调研工作，调研人员在考察青龙桥车站后，怀着对詹天佑先生的崇敬之情，以及对青龙桥车站诸多铁路工业遗产留存的仰慕，由相关专家程旭、韩冰提交了《穿越时空的回响——工业遗产之京张铁路青龙桥火车站遗存改造方案》，北京市文物局给予支持并付诸实施。今时，我们步入青龙桥车站如同进入铁路的原生态博物馆。整体改造依托京张铁路在青龙桥站的精华：钢轨铺就的“人”字线文化地标，站台一侧原状保留的站舍，被蒸汽机车浓烟喷涂的百年历史的护坡，詹公的青铜像及徐世昌题写的石碑，詹天佑墓地，等等。徜徉在这个风格古朴又有时尚元素的工业遗产文化园，更多的细节让你可以静心聆听这百年前的故事。站舍的西侧，以百年前曾经在此线服役的马莱型蒸汽机车的过热管、烟管拆解后焊接成的栏杆，围成了一个室外展示园。在这里我们可以看到百年铁轨、转辙器、道岔机、信号灯、由苏州码标注的铁路里程碑等京张铁路留存的老

民国时尚打卡

现代时尚打卡

物件。站房有着贵族灰的古朴外墙，复古的油灯座，保留旧时代传统的候车室……青龙桥车站的站房是许多文艺青年拍照打卡的理想圣地，尤其是在春天这种鲜花盛开的季节。这不仅是因为它悠远的历史，还在于它散发的现代时尚感。

站房内有两个展览供公众参观。一个是京张铁路实物

候车室内

和原工作场景陈设展，内容包括部分名人在此站活动的照片；另一个是候车室，该候车室依 1905 年火车站候车室采取的男女分开候车的形式，分别为男宾候车室、女宾候车室的场景再现；同时布置了简单介绍京张铁路和詹天佑生平为内容的展览，这些珍贵老照片和实物见证着青龙桥车站的历史。

69 年父子两代站长的坚守

提到青龙桥站一定要说说这里的两代杨站长——杨宝华和杨存信父子。他们六十多年来守护着京张铁路该段的安全运营，也同样守护着京张铁路工业遗址，细心收藏着他们见到的京张铁路老物件，不断传播着京张铁路的文化精神，赢得了人们的尊重。

杨存信父子在这个小站一干就是 69 个春秋，秉承着严谨认真、一丝不苟的工作作风，青龙桥站的运转从未发生过设备不良记录。杨存信是在青龙桥车站斜对面的职工宿舍里出生和长大的。小时候，杨存信的家和青龙桥火车站就隔着一条小路。他说：“我小时候每天早上都是被火车汽笛声叫醒的，父亲忙的时候就让我坐在值班室的椅子上。父亲工作的时候，火车进出站的信号灯还是煤油灯。”他从小就看着父亲和站上的叔叔们接发车、扳道岔、打旗语。1982 年，杨存信开始在青龙桥火车站工作。一开始做扳道工，后来当过助理值班员、车站值班员，1991 年成为站长，这座车站的钢轨、道岔、油灯座……所有的一切，

青龙桥火车站

他都觉得很亲切。对詹公的敬慕，对京张铁路的情怀，促使他翻阅了大量相关书籍，成为青龙桥站京张铁路文化的义务传播者。杨存信说自己在二三十岁的时候，总想着能换其他工作，到了现在，却不想走了。“小时候不清楚这里的历史，工作这么多年，了解了很多车站的故事，在车站越待越有意思。”铁路行车工作比较艰苦，不断做着重复性工作，枯燥乏味，日夜倒班，休息不好，节假日几乎无休，精神还要高度集中，因为安全行车责任重大。他们就这样父一辈子一辈坚守了六十多年，这种坚守还会继续下去。

现在，青龙桥站的詹天佑铜像及墓已成为北京市文物保护单位，青龙桥站成为爱国主义教育基地、京张铁路工业遗址的标本性保护基地。京张铁路南口段至八达岭段已被列为全国重点文物保护单位。

十四 小支线，大作用

鸡鸣驿

说起京张铁路鸡鸣山支线和鸡鸣山煤矿，不得不提鸡鸣驿。鸡鸣驿，又名鸡鸣山驿，因背靠鸡鸣山而得名。据《宣化府志》记载，鸡鸣山驿始建于元代，到明永乐年间，发展为拥有 150 名驿兵，加上后勤人员，共计 330 人的大型驿站。明成化八年（1472），筑周长 2330 米的土垣，隆庆四年（1570）春，防守指挥王懋赏负责驿站扩建，建成占地 22 万平方米的城垣。清乾隆三年（1738），又筑角楼魁星阁，并对城垣进行了全面维修。

鸡鸣驿是京畿地区历史上地位最重要的驿站之一，担负着传递公文等信息的任务，也是过往官商百姓临时休息之地。因地处由华北平原到塞外干道的瓶颈口，战略地位

鸡鸣驿

极为突出。鸡鸣驿可谓兴于邮政也败于邮政。1905 年，詹天佑在勘测京张铁路时，曾在鸡鸣驿内留宿。京张铁路通车后，便捷的铁路逐步取代了邮驿。1913 年，北洋政府宣布“裁汰驿站，开办邮政”，随后鸡鸣驿日渐衰落。

鸡鸣山煤矿

1905 年，詹天佑在勘测京张铁路时，得知鸡鸣山附近产煤，为解决京张铁路机车用煤的问题，他在给清政府的奏折中指出：“宣化府属之鸡鸣山煤矿颇旺，已有土法开采，其煤质亦甚佳，可供火车锅炉、机器厂之用，也可商用。若遣派矿师赴该山查勘，果系可用，再行设法开采，则京张全路藉资利用，既省运转之费，取值亦廉，并可运销各处，而全路进款亦日益加增。”

◎小贴士

驿站：古代供传递军事情报等的官员途中食宿、换马的场所。

鸡鸣山煤矿

关于开采鸡鸣山煤矿，詹天佑表示：“如遣矿师查勘鸡鸣山煤矿时，可就便勘验。如煤苗果旺，宜一并开采。就地销售，亦必流行。若再由火车运销各处，则车价较驼运取值尤廉，于本路进款裨益更多。如能开采……先有三利：本路免购开平煤炭，既省运费又可就地装用，利一；该矿出煤愈多，转运别处销售必由火车装运，则车脚日多，利二；由火车装运，车价既廉则民间日用亦多，其煤价亦必照现在减少，而民间更乐为购用，且附近小民更可藉该矿工作以谋生，利三。”

◎**小贴士**

鸡鸣山煤矿：位于下花园鸡鸣山北坡的八亩地，其作为当地最早的官办近代煤矿，先后耗资白银五十余万两。该矿“开直井1口，深150尺，即开南北横坑；再下150尺，开第2道横坑；又下150尺，为第3道横坑。共有煤6层，第3层过薄，不值开采，其余各层，厚薄不一”。1911年，邮传部派临城矿务局总办、首批留美归国的矿务专家邝荣光兼任该矿矿师。

1906年，京张铁路总办陈昭常上奏清政府，提议在鸡鸣山开采煤矿。1908年，得到邮传部奏准，由京张铁路局负责开采，1909年，农工商部下发鸡鸣山开矿执照，将八宝山、玉带山一并划归京张铁路局官办矿区。

詹天佑（左）与邝孙谋（中）、邝荣光（右）的合影

鸡鸣山支线

在修筑京张铁路的同时，修建了鸡鸣山支线，由时任

◎小贴士

邝荣光（1860—1962），广东南海人，中国第一批官费留美幼童之一，回国后，在开滦煤矿任职，是我国第一批矿冶工程师之一，后成为著名采矿工程师。在其与詹天佑的书信往来中可以看出，邝荣光曾在最令詹天佑感到困难的开凿山洞的地质学问题上，给予他帮助。在煤矿开采方面，詹邝二人也曾互帮互助。当邝荣光编制京张铁路线上保安州和鸡鸣山煤矿的报告时，詹天佑曾不失时机地写信给邝荣光："我希望你能发现此煤矿值得开采，从而使我们能够取得运输收入并且能够得到机车用煤。"

正工程司翟兆麟负责勘测定线。

鸡鸣山支线连接下花园车站与鸡鸣山煤矿，长约 3 公里，由于鸡鸣山山势陡峭，矿井海拔比下花园车站高出百余米，因此该支线分两段修建，一段为准轨线路，长 2.225 公里，一段为窄轨线路，长 0.792 公里，且窄轨线路比准轨线路高出 8 米多，以便把煤直接装入准轨车辆。为保证

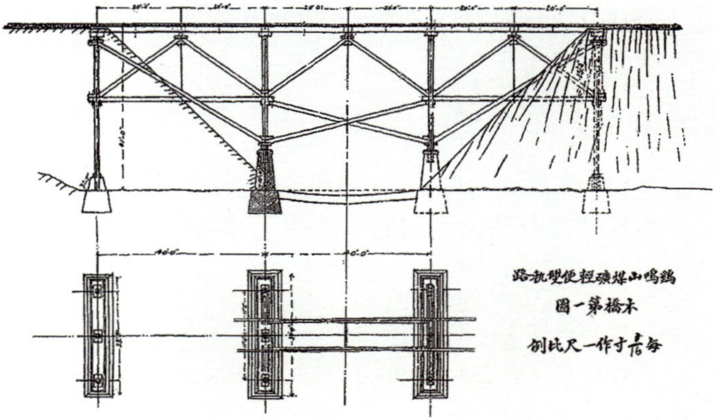

鸡鸣山煤矿轻便双轨铁路木桥示意图

◎小贴士

翟兆麟，字瑞符，中国近代铁路工程师，1893 年毕业于天津北洋武备学堂。毕业后分配到关内外铁路工作。京张铁路修筑之时，任副总工程司，是詹天佑的得力助手，之后在京绥铁路管理局担任公务处长等职。

鸡鸣山支线与京张铁路干线联轨处

运煤车安全，设避险岔道两处。从鸡鸣山煤矿开采的煤炭均通过鸡鸣山支线运至下花园车站。1912 至 1916 年间，该矿区由年产煤 2 万余吨增至 4 万余吨，除 1913 年亏损外，均有盈利。鸡鸣山煤矿开采到后半期，由于上部煤层错综复杂，防水作业困难，产量剧减，亏损越来越严重，遂最终停止开采，并于 1930 年关闭，鸡鸣山支线也于 1935 年被拆除。

十五　研究与交流的平台

工程热，人才旺

詹天佑在从事铁路工程建设时，始终认为，发展我国铁路工程事业，最重要的是培养中国自己的工程师。在他主持修建京张铁路时，一批有志于为国筑路的年轻工程师挑起了重担。在工作安排上，詹天佑注意培养青年工程师，徐文洞、张鸿诰就曾跟随他勘测京张铁路的线路，一大批青年工程人员在实践中成长起来，成为铁路建设的骨干力量。1909 年京张铁路建成通车，由詹天佑率领的本土工程师团队得到了国外工程界的认可，中国工程师的地位和声望大大提高。

詹天佑（前排中）与京张铁路主要工程技术人员的合影

学会兴，发展快

1912 年，詹天佑任广东省商办粤汉铁路公司总理时，竭力维护我国工程师的权利和地位。在中华民族饱受侵略

◎小贴士

邝孙谋

邝孙谋（1863—？），广东南海人，早期赴美留学幼童之一，1881 年回国后，先后在开平铁路公司、京奉铁路、萍醴铁路、粤汉铁路、京绥铁路、津浦铁路、京汉铁路等任职，曾任中美工程师协会会长、中华工程师学会会长。1888 年，介绍詹天佑到中国铁路公司工作。他与詹天佑共事一生，留下了一件件令人难忘的往事。

的年代，中国工程师的才能在国际上获得了应有的声誉，维护了民族的尊严。为使在广东的工程技术人员能相互帮助、扶持，也为推动工程技术人员的学术研究和交流，詹天佑组织成立了“广东中华工程师会”并被推为会长。当时，川汉铁路副总工程司颜德庆，洛潼铁路领袖工程司徐文泂，均因工程停工而回到上海，他们各自组织工程界人士，分别发起并成立了上海工学会、上海路工同人共济会。

当时，两会各以其会名义，函请詹天佑为名誉会长。詹天佑认为“三会宗旨不谋而合，与其分道而驰，何妨合力以进！”，建议将三会合并为中华工程师会。大家达成共识，遂将三会合并，办事处分别设在广州和上海。209名中华工程师会的发起会员，草拟了中华工程师会简章共30条。1913年8月，中华工程师会在汉口正式召开成立大

◎小贴士

颜德庆（1878—1942），中国铁路工程师，毕业于上海同文馆，后赴美留学，在理海大学主修铁道工程学，获工程硕士学位。1902年回国后，参与修建粤汉铁路及川汉铁路，是中华工程师会发起人之一。曾担任中国接收胶济铁路委员长、胶济铁路管理委员会首任委员长。

颜德庆

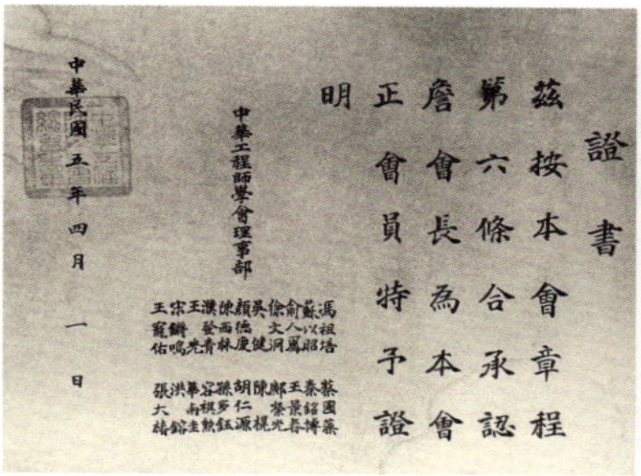
證書

茲按本會章程第六條合承認詹會長為本會正會員特予證明

中華工程師學會理事部

馮祖培 蘇以昭 俞人鳳 徐文泂 吳健 顏德慶 陳西林 濮登青 王光 宋鏘鳴 王寵佑

蔡國藩 秦銘博 王景春 鄺榮光 陳視 胡仁源 孫多鈺 容祺勳 華南圭 洪鎔 張大椿

中華民國五年四月一日

詹天佑任中华工程师会会长的证书

中华工程师会汉口会址

会，詹天佑当选为首任会长，颜德庆、徐文泂为副会长。

活动多，促交流

中华工程师会涉及土木、建筑、水利、机械、电机、矿冶、兵工、造船、窑业、染织、应用化学、航空共12个学科，囊括了中国早期工程事业的学科范围。为带动全国工程技术人员的学术研究与交流，在詹天佑的倡导下，1914年春将会务报告改为《中华工程师会会报》，并将年刊改为月刊，增加工程论说及试验研究报告等文章，以进行学术交流。

1915年，“中华工程师会”改为“中华工程师学会”，其会报改名为《中华工程师学会会报》。1916年，中华工程师学会将会址由汉口迁往北京。詹天佑为筹集资金，带头捐资，在北京西单报子街76号新购房屋作为会址。

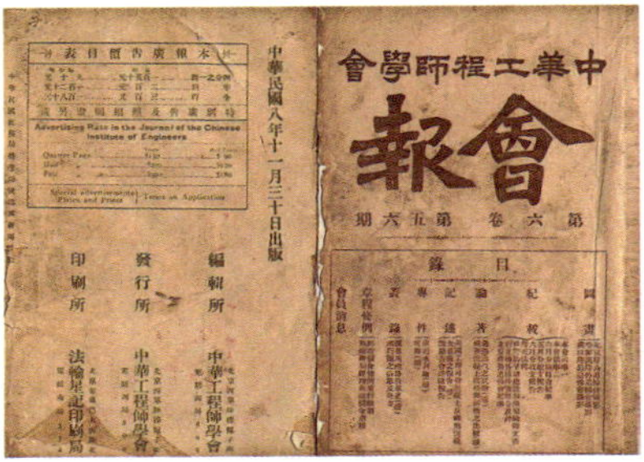

《中华工程师学会会报》

中华工程师学会“以发扬学术为唯一之要图”，主要通过召集年会，出版会报及专业书籍等来促进工程学术的研究与交流。该会出版了詹天佑编著的《新编华英工学字汇》《京张铁路工程纪略》，赵世瑄编著的《道路工学》《实用曲线测设法》，华南圭编著的《铁路》等一批有影响力的专著。其中，《新编华英工学字汇》是从事工学 20 多年的詹天佑，对工程技术名词随时记录、各方搜集、斟酌研讨的基础上，将英汉对照工学字词汇编

中华工程师学会礼堂

出版的工具书，这本书解决了长期以来各类工程词汇杂乱不一、时有歧义，阻碍工程事业发展的局面。

詹天佑以极大的热情主持学会工作，先后担任过 5 届正会长。在他的领导下，学会不断发展壮大，成为中国近代影响较大的学术组织之一，在整合国内工程技术人才、推动工程科学的研究与学术交流方面，具有开创性意义。因此，詹天佑也被全国各行业工程师尊称为“中国工程之父”。

十六　珍贵的历史资料

这是一本工程报告，一部修路账本，一段历史回顾。

1915 年，中华工程师学会出版了由詹天佑将京张铁路工程中的工作报告等资料加以编纂而成的《京张铁路工程纪略》，时任大总统徐世昌为该书作序。

该书共 8.6 万余字，载有清政府修建此路的缘起等各类历史文献，其内容涉及京张铁路工程从开办到完工的历程，包括奏请开办、踏勘、禀复、估价、计开清单、开工及完工、验收等；还包括当时各类演说的记录，如邮

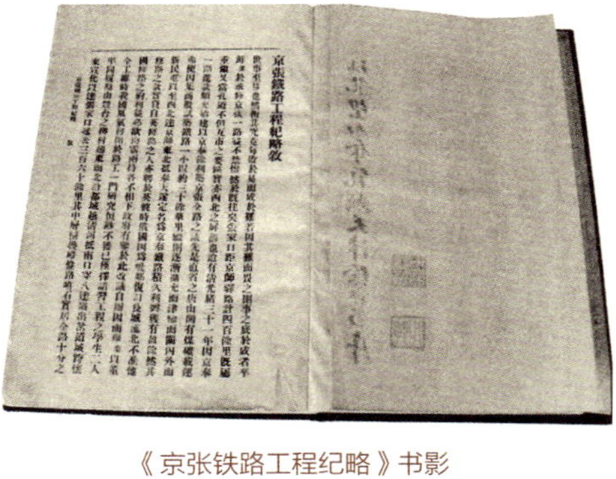

《京张铁路工程纪略》书影

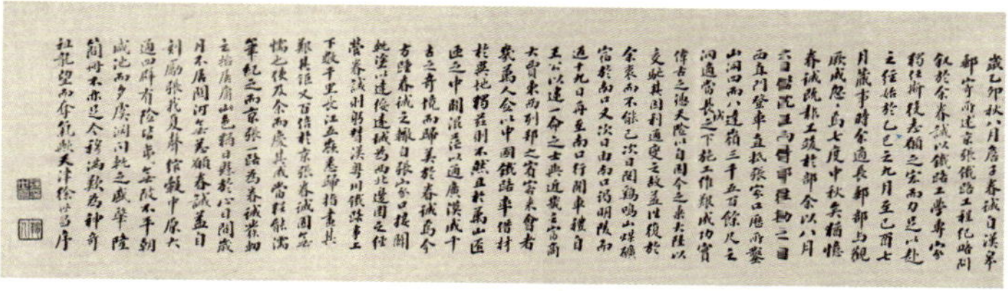

《京张铁路工程纪略》序

传部堂宪在张家口茶会演说辞、邮传部堂宪在南口演说辞、吉林抚院前京张总办陈派员代表（陈昭常）演说辞、总办兼总工程司天佑演说辞、会办关（冕钧）演说辞、番禺朱淇演说辞等。本书还逐一记载了路线、轨道、土石、桥工、涵洞、山洞、房厂、水塔、栽种等九类工程事宜，并附有京门支线、鸡鸣山支线等工程的详细记录。书中除了附有京张铁路"曲线一览表""坡度一览表""岔道一览表"等，还附有与之相关的奏章禀牍等，是研究京张铁路修建历程的第一手资料。此外，中华工程师学会还同时出版了《京张铁路工程纪略（附图）》一书，该书作为《京张铁路工程纪略》的附图部分，单独成册，共收录六十二幅示意图，记录了京张铁路工程的方方面面。

詹天佑在《京张铁路工程纪略》的自序中，详细说明了修建京张铁路的历史背景和自然地理环境，以及詹氏本人承担修建重任的心态和编纂此书的用意。

从《京张铁路工程纪略》和《京张铁路工程纪略（附图）》

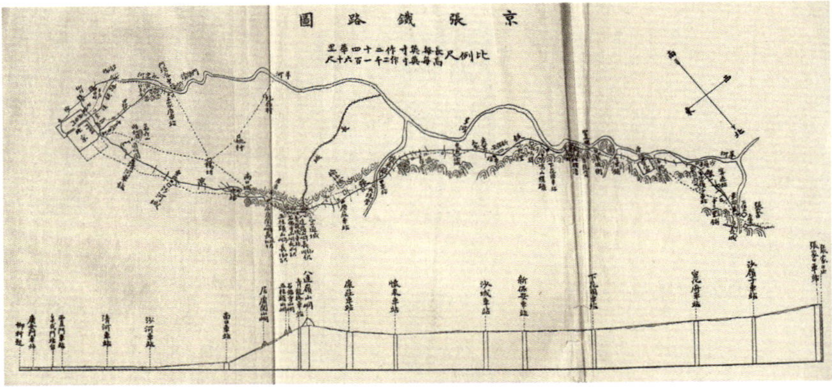

京张铁路图

这套书中，可以看出詹天佑不仅是工程技术专家，还是铁路管理及法规建设专家，同时又是工程教育专家。他的光辉业绩和伟大精神影响至深，远远超出工程技术领域。

◎小贴士

制定一系列规章制度：詹天佑在修建京张铁路时，主持制定《行车规则》《调动车辆规则》《移动车号规则》等一系列规则章程，形成了中国铁路史上第一套严格、具体、规范的铁路行车规章制度。

詹天佑 1905 年制定的《工程师与员司办事章程》是中国近代第一份工程项目全体人员岗位职责规定。

詹天佑 1905 年主持制定的《员司请假章程》是中国近代工程建设项目中第一份关于员工请假的规章制度。

詹天佑主持建造京张铁路时制定的《员役在差身故抚恤办法》是涉及中国近代职工身故抚恤制度与思想的第一份重要文件。

詹天佑制定的《升转工程司品格程度及在工学生递升办法》是中国第一份关于工程技术人员考核提升的文件，该《办法》规定了对工程技术人员的品行要求：洁己奉公，不辞劳怨；勤慎精细，恪守范围；志趣诚笃，无挟偏私；明体达用，善于调度。这是中国近代最早的关于工程技术人员道德品行方面的明确要求。

十七　历史画卷话京张

耳熟能详的历史人物承载着家国命运，气势恢宏的历史画卷，谱写出一曲震天动地、气壮山河的爱国赞歌。

京张铁路建成通车后，为纪念这一险峻工程，由邮传部尚书徐世昌拨专款，詹天佑主持编纂，清末民初著名摄影师谭锦堂拍摄，上海同生照相馆印制的大型专题摄影集《京张路工摄影》制作完成。

《京张路工摄影》

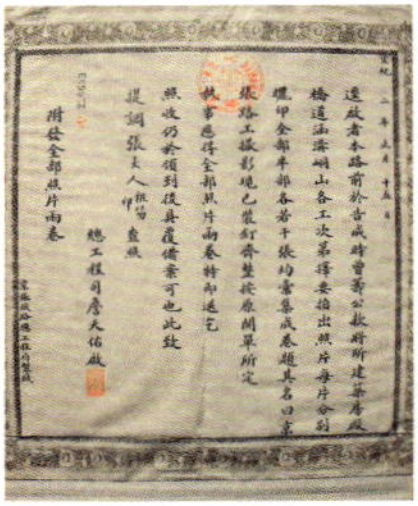
逕啟者本路前於告成時曾奉公款將所建築房屋橋道涵洞山各工次第擇要拍出照片每片分別標印全部本部各若干張均彙集成卷題其名曰京張路工攝影現已裝訂齊整茲將原開單所定執事應得全部照片兩卷特即送乞照收仍希領到後並覆備案可也此致
提調張大人 鈞鑒
總工程司詹天佑啟
附送全部照片兩卷

《京张路工摄影》内页

历史价值与艺术价值

《京张路工摄影》分为全编和简编两个版本。全编本共上下两卷，做工考究，装帧精美，采用红色绒布封面，两册封面上嵌有铜牌，铜牌上分别镌刻着“京张路工摄影上卷”及“京张路工摄影下卷”，收录183张10英寸的历史照片。真实反映了从1905年至1909年中国自主设计并建造的第一条铁路的工程全貌，采用影像的形式对京张铁路的车站、厂房、线路、机车、桥梁、隧道、涵洞等施工场景以及通车庆典盛况进行记录，为研究中国铁路发展提供了非常难得的影像资料。《京张路工摄影》曾作为京张铁路通车典礼纪念品，被赠送给清政府重要官员、主要工程技术人员及外国友人。简编本收录工程照片56张，被赠予全体修路人员。

◎**小贴士**

谭锦堂（1876—1915），广东香山人，清末民初著名摄影师，上海同生照相馆的创办者，该照相馆后在北京开办了分号。同生照相馆不仅拍摄了《京张路工摄影》的照片，还拍摄过沪宁、苏杭、津浦等铁路的施工现场、通车场景。为表彰谭锦堂为《京张路工摄影》所做的贡献，詹天佑特为其题写“精工速肖”四字奖牌，并许其“另晒全路照片出售”。

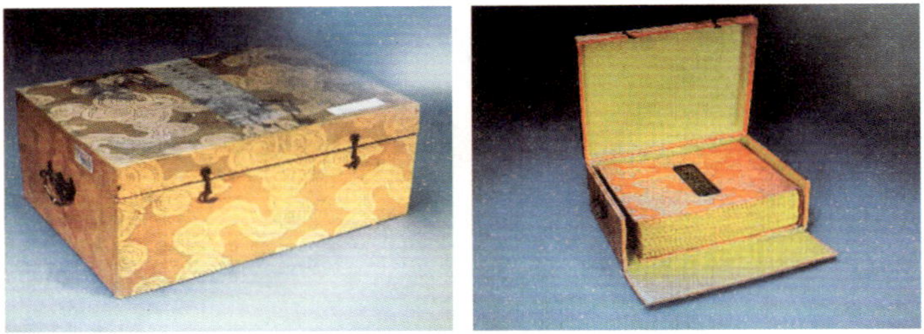

如意云纹函盒

另外，还特意为当朝统治者制作了显示皇家气派的《京张路工摄影》，分上下两卷，收录168张12英寸照片，上卷85张，下卷83张，其所收录的照片与全编本略有不同，在照片排序上也有所区别，去掉一些官员合影和行辕照，将詹天佑等人的合影放至卷尾，以示对统治者的恭敬。该摄影集封面用如意云纹黄绫装帧，嵌以镀银铜牌，上题“京张路工摄影上卷”及“京张路工摄影下卷”，每张照片以黄绫装裱，两卷摄影集各装入如意云纹函盒，上贴黄绫签，写有“京张铁路形胜图上函”“京张铁路形胜图下函”字样。

詹天佑于1910年赠给袁世凯一套《京张路工摄影》，袁世凯在回复詹天佑的信中说：“京张全路告蒇（完成），皆赖执事总司建造，力果心精，故得克期峻事，中外耸观展览。嘉贶（赠送）全部摄影，八达岭工程既极艰巨，其余桥梁山洞靡不一律精坚。目想神游，至深倾服。”

1910年，詹天佑寄给美国友人威利·诺索布一套《京张路工摄影》，并在信中说：“寄上照片册，请存念。内有各种富有兴味的工程建筑。这是中国工程司修筑的第一条铁路。”1973 年，研究中国留美幼童的旅美华人学者高宗鲁拜见华纳老人（威利·诺索布之女）时发现了这本影集，影集中还夹有詹天佑写给诺索布的 6 封英文信。

影像中的追忆

在京张铁路为期四年的建设期间，谭锦堂作为专业摄影师全程跟拍，重点拍摄了关沟段铁路的建设场景，尤其是青龙桥车站上下行火车同时开行的照片，堪称经典，被广为流传。1941 年，该照片曾被印在重庆交通银行发行的伍拾圆纸币上。

这套《京张路工摄影》，构图精美，画面清晰，曝光精确，让人感受到摄影作品的巨大冲击力和感染力，其用

1941 年重庆交通银行发行的伍拾圆纸币

玻璃底片直接晒印成照，然后手工裱贴，汇编成册，达到了令人惊叹的水准。《京张路工摄影》新闻纪实性强，成为记述京张铁路工程的珍贵历史文献。品鉴这些历史画卷，不仅可以重温史实，更能鼓舞后人。弹指一挥间，一个世纪匆匆流过。每当我们乘坐北行的列车，沿途那秀丽雄奇的自然景色随处可寻，车站、山洞、桥梁等历史遗迹俯首皆是，自然与历史悄然融合，形成了一种独特的魅力。随着列车在四十里关沟慢慢爬坡，此时此刻时间仿佛凝固了，此种意境让人追古怀思，引起心中无限感慨。一百多年来，我们追忆京张铁路，是为了纪念一个人物，记住一段历史，继承一种精神。一百多年风雨沧桑，许多事物已成为历史，留下的京张铁路依旧穿行在崇山峻岭之中，它承载着历史的昨天、今天和明天。2002 年，《京张路工摄影》作为 48 件珍贵档案文献之一被载入首批《中国档案文献遗产名录》。

◎小贴士

历史的记录： 京张铁路照片在拍摄完成后，还曾第一时间在期刊上刊登，由清朝邮传部图书通译局官报处编辑和发行的《交通官报》第三期（1909 年 9 月）刊登了京张铁路通车典礼的四张照片，第四期（1909 年 10 月）刊登了“沙河桥”“长城”“居庸关”三张照片，记录了京张铁路三个重要路段，该期刊刊登的照片应早于《京张路工摄影》的出版，属于最早面世的刊载了京张铁路系列照片的期刊之一。

十八 寄希望于青年学子

谆谆教诲，受益匪浅

民国初年，百废待兴。当时的中国正在掀起一场实业救国的热潮。以孙中山、黄兴等革命党人为代表，在实业热潮中领风气之先。他们在上海创设中国铁路总公司，以示对被称为“实业之母”的交通的特别重视；又创办中华实业银行，以其“为振兴实业之总机关”；还先后致力于集资创办国民银行、中华汽船公司、湖南五金矿业股份公司、富国矿业股份公司等实业公司。一些留学国外的青年学子，看到这些令人瞩目的举措，很快进行了积极的响应，他们陆续回到祖国参加实业建设。詹天佑特别重视这些擅长各类专业的青年工程师的教育工作，要求他们互相学习，加强团结，发挥个人才能，共同为祖国建设多做贡献。特

詹天佑（独站第三排者）与中华工程师学会部分会员的合影

为此完成了《敬告交通界青年工学家》一文，该文在1918年2月刊登于交通丛报社编辑出版的《交通类编》上。该文引起了广大青年工程师的热烈反响。之后，中华工程师学会又转载该文，并将其改名为《敬告青年工学家》。全文1700余字，字里行间饱含着詹天佑对祖国的无限热爱及对祖国富强的热切企盼，反映了其以振兴中华为己任的强烈社会责任感和爱国主义情怀，他以切身的创业经验和对现实的观察体会教育青年，对青年学子健康成长寄予了无限期望。

道德风范，后世楷模

在这篇文章中，詹天佑的思想、信念、品格、修养被充分地体现出来，文章认为：“莽莽神州，岂长贫弱？曰富、曰强，首赖工学”，“工学之前途，发达可期；实业之振兴，翘足以俟。将不让欧美以前驱，岂仅偕扶桑而并骑”。一百多年前，詹天佑就认识到要使中华民族变贫弱为富强，最重要的是发展科学技术，并相信中华民族一定会赶上欧美，超过日本。文章从“修业、进德、守规、处事”四大方面阐述了青年学子思想道德教育和综合素质教育的立身要则。在修业上，詹天佑主张：“精研学术以资发明。镜以淬而日明，钢以炼而益坚。凡诸学术，进境无穷，驾轻就熟，乃有发明。”在道德修养方面，詹天佑指出：“崇尚道德而高人格。道德者，人之基础也。学术虽精，道德不足，犹诸筑高屋于流沙之上，稍有震摇，无不倾倒。”詹天佑在此不仅阐明了道德修养的重要性，同时更提出了修养德行的要求与方法。在守规方面，詹天佑指出：“循序以进，毋越范围。行远自迩，登高自卑，一蹴而几，非可永久。工程事业，必学术经验相辅而行，徒恃空谈，断难行事。”对于处事方面，詹天佑提出“筹划须详，临事以慎”的总要求。“凡工学青年，一旦身亲实事，无论其职位高下，恒负一部分之责任，指挥多数之工人。苟筹谋稍涉疏忽，则群下因之误事矣。惟事必预谋，通盘筹算，临时方免张皇失措之弊。”他奉告青年学子要力戒骄矜、浮躁和狂妄，要谦逊、勤慎和守规，学人之长、躬身实践，在生活上要低调，工作上求高端，只有这样才能成就一番事业。

詹天佑（第二排中）与部分青年工学家的合影

这篇文章也体现了詹天佑为建设祖国开拓奋进，在艰难的工作环境中修身治道的高要求。他严谨自持，以事业为重，为民族独立富强而团结奋斗的道德风范与创业精神，正是他取得非凡成就的根本，足以为青年工学家之表率。

十九 “詹公天佑之象”

一百多年前的今天，一条穿越长城的铁路——京张铁路建成通车了。整个中国包括世界，都记住了一个伟大的名字——詹天佑。

一百多年后的今天，这条在群山峻岭中度过百余年时光的铁路，见证着历史的发展，见证着时代的变迁。当人们站在青龙桥车站詹天佑铜像前，凝视着他那炯炯有神的眼睛，就会触摸到这段历史，触摸到百年京张铁路的发展……

维护路权，临终不忘国事

1919 年初，詹天佑受民国交通部的委任，代表中国政府出任协约国联合监管远东铁路委员会下辖技术部委员，

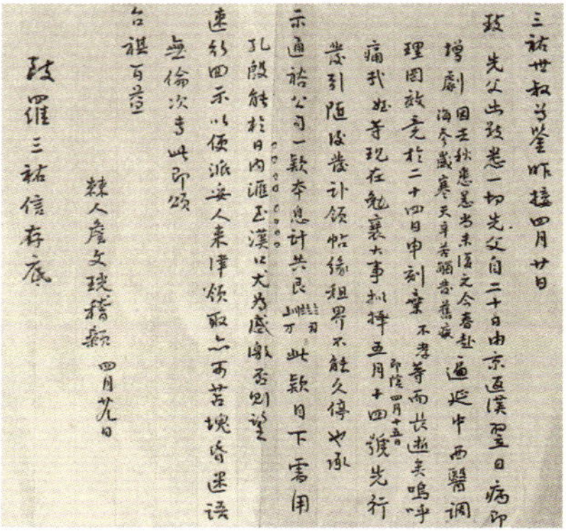

詹文珖叙述其父詹天佑逝世之信

赴海参崴、哈尔滨出席联合监管远东铁路会议。詹天佑临危受命，抱病参会，他据理力争，维护国家利益，反对国际监管中国东北铁路，为国人赢得中东铁路护路权和管理权。隆冬时节的海参崴，寒冷干燥，他夜研文书议案，严寒加之紧张劳累，导致所患腹疾复发，不得已请假回汉口仁济医院就医。1919 年 4 月 24 日，詹天佑因腹疾严重，导致心力衰竭而溘然长逝，终年 59 岁。詹天佑临终遗嘱，语不及私，闻者无不感动。我们从他的临终遗嘱可见其胸怀：“一、振奋发扬工程师学会活动，以兴国阜民；二、慎选人才管理俄路（中东铁路），以扬国光；三、就款计工，唯力是视，脚踏实地建成汉粤川全路。上述三事乃天佑未了之血忱，如得到国家采纳，则天佑虽死之日，犹生之年。”

公祭哀悼，立碑铸像

詹天佑病逝的消息传来，各地同声痛悼。在他工作过的汉口、北京、天津、上海、广州、哈尔滨等地，均举行了公祭活动，远东铁路会议停会致哀，国外友人无不为中国失去这样一位伟大的工程专家而深表痛惜。詹天佑病逝四天后，汉粤川铁路湘粤线局长颜德庆率局内同仁 525 人，于 4 月 28 日呈文交通部，以詹天佑“为国驰驱，心力交瘁”，“竟以积劳病故”，请求国家“明令优恤”，并“立祠铸像，以志殊勋”，呈文经交通部转呈当时的大总统徐世昌。徐世昌敬重詹天佑

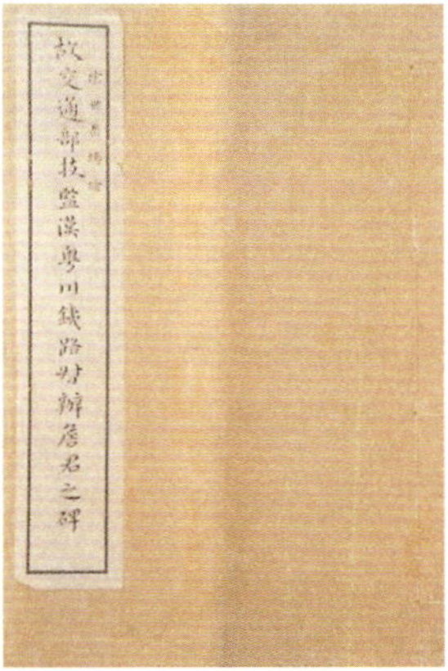

徐世昌为詹天佑所写碑文拓本

◎小贴士

故交通部技监汉粤川铁路督办詹君之碑：该碑现为国家重点保护文物，碑文乃民国总统徐世昌撰写，并由清末民初镌碑名家宋德裕镌刻，碑文书法以褚体为风骨，笔力瘦劲，潇洒俊逸，如朗朗清风扑面而来；碑体石质为花岗岩，因材质坚硬，所刻字口较浅，又因岁月风蚀，碑面较粗糙，全碑通高超过 4 米，宽 1.1 米左右，碑文总计 762 字，其主要内容为表彰詹天佑生平德行及京张铁路修筑过程。

碑文拓片

的为人，于4月30日下令为詹天佑隆重治丧，并派湖北省省长何佩瑢前往致祭，詹天佑生平事迹宣付国史馆立传。6月6日，中华工程师学会会长邝孙谋、京绥铁路同人会会长丁士源率领所属，呈请大总统为已故交通部技监詹天佑在八达岭铸造铜像，并请颁给碑文，以“褒功崇德”，供后人“凭吊之思”。交通部很快复文，同意“呈大总统明令优恤”，在八达岭为詹天佑建造铜像。1919年8月，由民国大总统徐世昌亲自撰写了“故交通部技监汉粤川铁路督办詹君之碑”碑文，记叙了詹天佑一生的主要功绩，并评价詹天佑：在众多的出国留学生中“求其功绩昭著，坚苦卓绝，为海内外同声赞美，盖未有若詹君者也”。

雕铸铜像，追忆詹公

詹天佑铜像及碑亭

1922年，民国政府委托日本著名雕塑家建顗大梦承担塑造詹天佑铜像的重任。建顗大梦怀着崇敬的心情，精心为詹天佑雕铸了这座铜像，铜像高2.4米，詹公身穿礼服，左胸前佩戴着二等嘉禾勋章和二等宝光嘉禾勋章，

1922 年青龙桥车站詹天佑铜像揭幕仪式

左手拿着一副手套，右手插在裤兜里，神情凝重，其形象被刻画得细致入微、栩栩如生。这座铜像将詹天佑的形象永远定格，让后人仿佛触摸到了真实的詹公，看到了他那颗赤诚报国之心。1922 年 4 月 24 日，即詹天佑逝世三周年纪念日，社会各界在京绥铁路青龙桥车站举行了隆重的詹天佑铜像揭幕典礼。詹天佑铜像屹立于八达岭青龙桥车站，铜像的基座上刻有“詹公天佑之象”（用“象”字而不用“像”，以示为生前形象），并建碑亭于铜像旁边，

◎小贴士

设计方案图：当时，关于青龙桥车站树立詹天佑铜像及纪念碑亭的位置，共有三张设计方案图，一张为手绘图，另外两张为晒制的蓝图，其中一张蓝图上附加了批注意见。

以寄怀念之情。

1982 年 5 月，詹天佑夫妇坟迁葬于青龙桥车站詹天佑铜像后面的山岗上，背倚青山，面向“之”字形线路，长眠在这里，守护着京张铁路。正如詹天佑晚年自述：“梦魂所寄，终不忘京张”。

二十　大国工匠——中国梦的践行者

茶商的“后裔”

詹天佑

1861年4月26日，在广东省广州府南海县西门外十二甫一个茶商的家里，詹天佑出生了。幼年时詹天佑就被父亲送到私塾读书，他聪明好学，年少有志，得到父亲的好友谭伯邨的喜爱，于是定下娃娃亲，将他的四女儿谭菊珍许配给詹天佑，两家便成了姻亲之交。

1872年，谭伯邨听说清政府要在香港招考12至16岁的少

詹天佑家乡广东南海

年儿童并派送到美国留学，他想到詹天佑聪明坚毅，日后必定能成大器，便劝说詹天佑的父亲送子报考。经过多次劝说，詹天佑的父亲最终接受了好友的主张，同意詹天佑去香港报考。年仅 12 岁的詹天佑在香港经过层层选拔，考中首批官费赴美留学生。之后随容闳从香港到上海，在上海出洋局预备班学习英语和汉语。1872 年 8 月 11 日，

◎小贴士

招考幼童留学困难重重：当时的中国，出国留学的风气尚未形成，人们对出国留学疑虑很大，很多人视外国为“蛮夷之邦”，担心出国后，生命安全无保障。以当时的社会观念，达官贵人不愿把自家子弟送去海外留学，民间更有关于西洋的种种传言。加之还要与清政府签订“倘有疾病，生死各安天命”的文书，许多人认为“父母在，不远游”，所以当时很多人不愿意让自己的孩子报考官费留学生，招考幼童留学美国可谓困难重重。

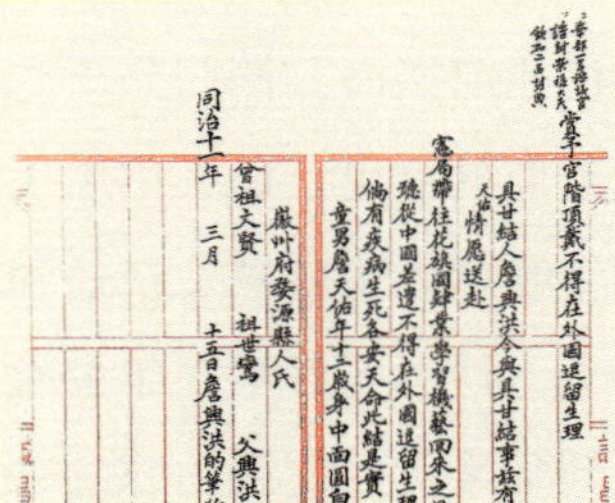

賞予官階頂戴不得在外國逗留生理
具甘結人詹興洪今與具甘結事茲有子
天佑情愿送赴
憲局帶往花旗國肄業學習機藝回來之日
聽從中國差遣不得在外國逗留生理
倘有疾病生死各安天命此結是實
童男詹天佑年十二歲身中面圓白
徽州府婺源縣人氏
曾祖文賢 祖世鸞 父興洪
同治十一年 三月 十五日詹興洪的筆押

詹天佑父亲签署的具结书

詹天佑和二十九名身穿长袍，拖着长辫子的幼童，怀着复杂的心情，与亲人恋恋不舍地挥泪告别。他们先乘船到达日本横滨，在横滨换乘名曰“中国号”的海轮，横渡太平洋，在海上行驶了 28 天，抵达旧金山，后搭乘横贯美国中部的铁路，抵达留学的目的地康涅狄格州，遂开始了他们的留学生活。

大洋彼岸的求学岁月

1872 年，一个年轻的共和国拥抱了这群来自中国的孩子，对其加以抚养和教育。容闳把中国学生分配给各地的美国老师，这些老师将孩子们带回自己的家中，负责教养和监护。在美国新英格兰工业重镇的机器声中，在马克·吐温小说的陪伴下，中国幼童在一天天地长大。这群幼童与美国当地的家庭、同学之间建立起深厚的亲情和友情。詹天佑和欧阳庚被安排在诺索布先生家中，就读于康涅狄格州纽哈芬海滨男生学校，这是一所私立的预备教育性质的学校，诺索布先生是该校的校长，校长夫人玛沙·诺索布对他们关怀备至。1875 年，詹天佑考入纽哈芬希尔豪斯高级学校，学习成绩优秀，1878 年以全校第二名的成绩毕业，同年考入耶鲁大学谢非尔德理工学院（Sheffield Scientific School）土木工程系专习铁路工程。耶鲁大学土木工程系

詹天佑在耶鲁大学连续两年数学考试第一名，获金质奖章

詹天佑大学毕业班合影

课程扎实，重视基础学习、亲身实践、毕业深造。詹天佑在耶鲁大学学习期间，各门功课成绩优异，尤其是数学曾连续二年获得奖金和金质奖章，并得到容闳的称赞。1881年，詹天佑以优异的成绩毕业，耶鲁大学校长在他的毕业证书上写下这样一段文字：“詹天佑是获得大学学位荣誉的第一流考生，被光荣地授予哲学学士（Ph.B）名衔，并按惯例得到凡升为学士者所应享有的一切权利和声誉。”

◎小贴士

耶鲁大学（Yale University）：坐落于美国康涅狄格州纽黑文市的私立大学，始创于1701年，初名“耶鲁学院”。耶鲁大学是美国历史上建立的第三所大学，容闳是毕业于耶鲁大学的第一个中国留学生。此后，一批又一批中国青年来到耶鲁大学求学，诞生了众多杰出的中国留学生。

学非所用，建设海防

1881 年，20 岁的詹天佑被清政府学非所用地安排在福州船政局后学堂学习海军轮船驾驶。因詹天佑学习成绩优异，被福州船政大臣何如璋任命为福州船政后学堂教习，教授英文和驾驶，成为一名军事教员。詹天佑在后学堂担任教习期间，阅读大量英国海军资料，努力钻研业务，并把耶鲁大学教给他的学习方法都用到了教学上，他的教学风格严谨又不失活泼，讲课深入浅出，经常用一些生动的实例，帮助学员们理解比较难懂的概念，很受学员们欢迎。

在广东博学馆任教习的詹天佑（前排中）

詹天佑因教学有方，成绩突出，被赏给五品顶戴。詹天佑凭借在福州船政后学堂的教学经验，以及渊博的知识，受到洋务重臣张之洞的信任和赏识，1884 年，詹天佑接受张之洞邀请，前往广东博学馆担任教习（英文教师）。之后，詹天佑奉张之洞的委派，勘测并绘制广东沿海地图，参与海军建设。詹天佑在学非所用的环境中，认真从事海军教学工作，深厚的英语功底让他在教学中事半功倍，他不但重视西方伦理道德思想的学习，加强自身修养，而且将中西道德思想融合，并身体力行。其教学“官称其能，士服其教”，因而被尊为导师，为中国近代海防建设培养了大批优秀人才和专业骨干。

筑路达人，工学典范

1888 年，詹天佑开始从事铁路的修建工作，他先在关内外铁路从事基层工作，积累经验，通过艰苦努力取得一

◎小贴士

福州船政学堂：清政府建立的附属于福州船政局的海军学校，分前后两个学堂：前学堂习法文，亦称法语学堂，采用法国教育体制和法国军港士官学校的教学大纲，后学堂习英文，亦称英语学堂，采用英国海军学校通行的教育方法。

定成效。他由实习工程学员一步一步升任帮工程司、驻段工程司、总工程司，成为中外著名的铁路工程专家。他于1905年至1909年，主持修建了著名的京张铁路，振奋了民族自信心，推动了各省商办铁路建设的发展。

詹天佑曾参与修建关内外、津卢、萍醴、潮汕、沪嘉、沪宁、津浦、洛潼等铁路，并主持修建新易、京张、张绥铁路，主持商办川汉、粤汉等铁路，于清末任职官办铁路总办、

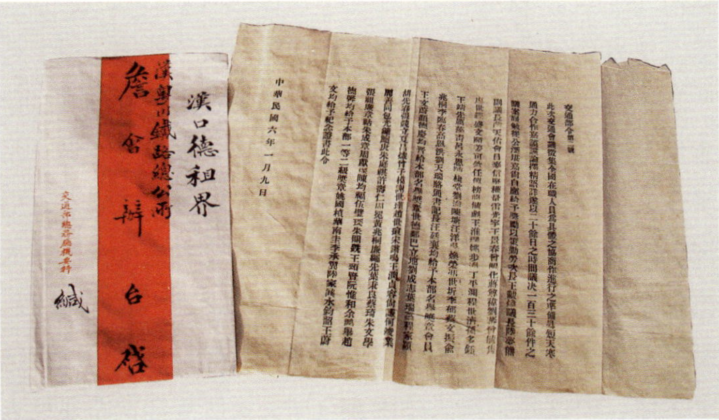

民国交通部嘉奖詹天佑令

◎**小贴士**

滦河铁桥：即由詹天佑主持修建的滦河铁路大桥，该桥于1892年动工，1894年竣工。在该桥的建设中，桥墩基础施工首次采用了气压沉箱法，解决了外国工程师未能解决的桥墩施工难题，引起中外关注。

商办铁路公司总理、总工程司。辛亥革命以后，任汉粤川铁路督办；更被任命为交通部首任技监，负责全国铁道交通技术领导工作；任全国铁路技术委员会会长，并为铁路法规建设奠定基础。他创立并领导了中华工程师学会，开拓了祖国现代化工程学术事业，他被英国、美国等国外工程学会聘为会员。

1910 年，詹天佑被清政府授予工科进士第一名，并被任命为学部一等咨议官和回国留学生考试的主试官。

他有一句广为传颂的名言：“我们留学外国获得了一些知识技能，要做一点事贡献国家。如要做官，就不能做事；想做事，万不可做官，而且做惯官的人一旦没有官做，精神便会十分痛苦。但官不可不做，又不可无。在现在之中国，没有经过朝廷给予你一个官职，就没有地位，没有人把重要的事给你做。”做官对于詹天佑来说，只是他的手段，而绝非他的目标。1916 年，香港大学特授予詹天佑法学博士学位。1918 年，詹天佑因在全国交通法规和铁路建设方

◎小贴士

气压沉箱法：修建桥墩时采用的工程方法，具体做法是将密不透水的无底巨箱，沉放于河床上，灌压缩空气于箱中，当箱内空气压力与箱外河底水压相等时，则箱内无水，河底露出，工人可在其上，将基础混凝土灌注于坚硬的岩层地基上。

詹天佑获法学博士学位

詹天佑获二等宝光嘉禾勋章

出席远东会议时的詹天佑

面的突出贡献，被授予二等宝光嘉禾勋章。1919 年，詹天佑被任命为中国政府代表出席远东铁路会议，在会议期间，日冒严寒，夜研议案，为维护国家主权，他据理力争。他

◎小贴士

工科进士第一名：1908 年，清政府决定免试授予那些早期归国留学生功名，授予标准是“游学专门在十年以外。如习路矿，必于工程办有成效者；习制造机器，必能发明新理制造新器者；习文学，必译著诸书、阐通精理、有裨学术者，如无其人，任缺毋滥。”根据这一标准，各省督抚向朝廷推荐候选人，由专人进行考核，考核后分两等，按照所学科目，分别赐予某科进士、某科举人出身。詹天佑符合上述标准，被授予了工科进士第一名。

还致电巴黎和会详述理由，反对国际共管中东铁路，反对向四国银行团借款筑路。

詹天佑是我国工程技术界的先驱，杰出的工程技术、工程管理法规及教育专家，是中华民族伟大复兴的中国梦的践行者。他一生敢作敢为，道德遗风尤为感人至深。著名地质学家李四光曾高度评价：“詹天佑领导修建京张铁路的卓越成就，为当时深受侮辱的中国人民争了一口气，表现了我国人民伟大的精神和智慧，昭示着我国人民伟大的将来。”敬爱的周恩来总理称赞他是“中国人的光荣”。

二十一　世界首条智能高速铁路——京张高铁

1909 年 10 月 2 日，中国自主设计并建造的第一条铁路干线京张铁路建成通车。2019 年 6 月 12 日，世界首条智能高速铁路京张高铁全线铺轨完成，12 月 30 日正式开通运营。这是中国第一条采用自主研发的北斗卫星导航系统、设计速度 350 千米 / 小时的智能高速铁路。

一百多年来，从北京到张家口，相同的起点和终点。实现的是同一个强国梦想，创造的皆是突破性的奇迹。京张高铁建设坚持高标准、高质量，缔造“精品工程、智能京张”，续写了百年传奇。

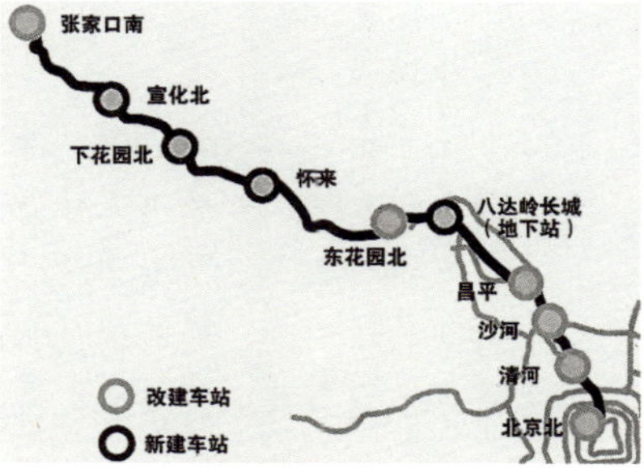

京张高铁线路示意图

2015 年 11 月，中华人民共和国国家发展和改革委员会批复《新建北京至张家口铁路可行性研究报告》，同意新建京张高速铁路。2016 年 4 月 29 日，京张高速铁路全线开工。在古老的百年京张铁路线旁，中国铁路人开始修建世界第一条智能高速铁路。

什么是智能高铁?

智能高铁就是广泛应用云计算、物联网、大数据、移动互联、人工智能、北斗卫星导航等新技术，综合高效利用资源，实现高铁移动装备、固定基础设施及内外部环境间信息的全面感知、泛在互联、融合处理、主动学习和科学决策，实现由智能建造、智能装备、智能运营构成的全生命周期一体化管理的高铁系统。

◎小贴士

北斗卫星导航系统：中国自主研发独立运行的全球卫星导航系统。北斗卫星导航系统由空间段、地面段和用户段三部分组成，空间段包括 5 颗静止轨道卫星和 30 颗非静止轨道卫星，地面段包括主控站、注入站和监测站等若干个卫星地面站，用户段包括北斗用户终端以及与其他卫星导航系统兼容的终端。

探寻京张高铁智能化

（一）智能建造领域

京张高铁基于北斗卫星导航系统和 GIS 定位技术，部署了一张“定位”大网，为建设、运营、调度、维护、应急全流程提供智能化服务。加强工程设计、建设管理和施工阶段各生产环节的数字化技术实践，实现了以 BIM 技术运用为核心，信息技术与工程建造技术相融合。

京张高铁搭建了 BIM 设计参数化协同平台，实现多项勘察设计的多源数据融合和全专业协同设计。基于 BIM+GIS 的工程建设管理平台实现建设数据的自动采集和信息互

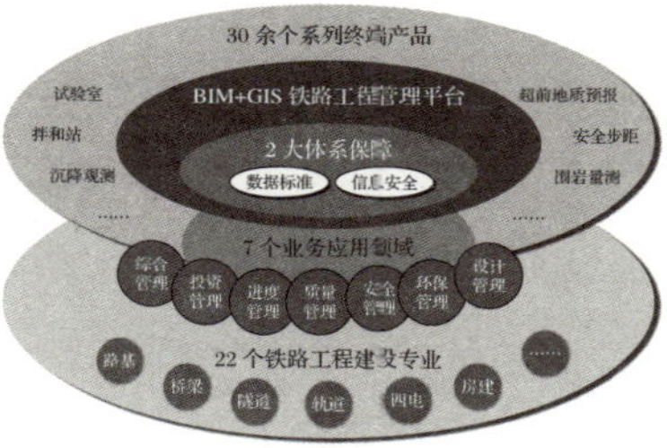

工程建筑管控示意图

◎小贴士

GIS：即地理信息系统（Geographic Information System 或 Geo-Information system），有时又称“地学信息系统”。它是一种特定的十分重要的空间信息系统。该技术系统可在计算机硬、软件系统支持下，对整个或部分地球表层（包括大气层）空间中的有关地理分布数据进行采集、储存、管理、运算、分析、显示和描述。

京张高铁箱梁

联，支撑参建各方协同管理、辅助决策以及建设质量的可追溯闭环管理。在桥梁工程方面实现了焊接自动化、控制多点同步顶推及自动监测。在隧道工程方面，广泛应用了超前地质预报、隧道围岩量测技术，试点了三维激光断面扫描技术，实现盾构机作业状态监控和协同管理。在路基施工方面，实现基桩施工精准控制与路基智能化。在客站建设方面，实现可视化施工、虚拟建造、安全风险监控以及质量安全红线信息化管理。

（二）智能装备领域

京张高铁通过运用数据挖掘技术和新一代信息技术，促进装备、固定基础设施的 PHM 技术提升，增强了安全保障水平。智能动车组方面通过全车设置的 2700 多个传感监测点，实现高速列车及其运行环境的动态状态实时检测，

◎小贴士

BIM：即建筑信息模型（Building Information Modeling），系应用于工程设计、建造、管理的数据化工具，由欧特克（Autodesk）公司在 2002 年率先提出。

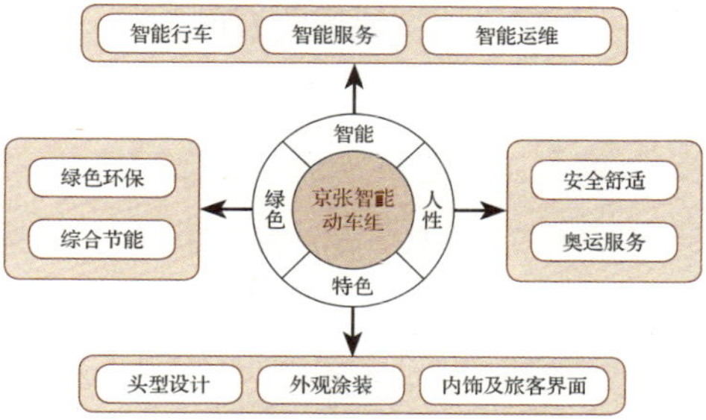

智能列车基本功能示意图

并以故障预测与健康管理为核心，实现了列车服役性能由阈值管理向状态管理的提升。智能牵引变电系统通过对多源信息的融合分析，实现了对牵引供电关键设备状态与故障的识别功能，为主动运行维护提供了技术手段。京张一体化综合视频监控云系统采用云计算、边缘计算、智能分析等新技术，实现了京张视频数据云节点存储，具备视频智能分析基础能力。

◎小贴士

PHM：即故障预测与健康管理（Prognostics Health Management），指利用先进的传感器和通信技术，借助人工智能推理算法等手段，实时管理与评估系统自身的健康状态，并预测装备的寿命或可能的故障时间，结合现有资源信息提供一系列维护保障的建议，以消除故障隐患，实现装备稳定运行的综合性技术。这种技术强调资产设备管理中的状态感知，重点在于监控设备健康状况、故障频发区域与周期，通过数据监控与分析，预测故障的发生，从而大幅度提高运维效率。

（三）智能运营方面

京张高铁优化提升了调度集中指挥功能，进一步提高列车调度指挥能力、列车运行安全保障能力和智能化水平。全面完善 12306 网站，提升了客运服务体验，新增支持外卡支付、候补买票功能，实施全面电子客票，实现了客票无纸化、一证通行、刷脸进站及检票，提供了行程规划、站内 WiFi 覆盖、站内电子导航服务。京张高铁初步构建了“1 个平台 +4 项业务 + N个应用”的智能客站技术框架，研发了客站旅客服务与生产管控平台，具备了基于非法侵入识别、人流聚集与扩散异常检测、客站设备、电梯、照明等的监测及管理的智能化功能。研发了基于 BIM 的“工电供”综合运维管理系统［“工”指铁路工务系统（线路、桥梁、隧道工程建筑），“电”指铁路电务系统（通信信号），“供”指铁路供电系统（牵引供电）］，实现了 BIM 环境下的多专业联合生产调度和智能运维，提高了京张高铁基础设施运维效率和水平。

京张高铁的站台

智能京张典型创新工程

京张高铁在工程建设上创造性地解决了三大技术难题：建造世界最深、规模最大的高铁地下车站——八达岭长城站；穿越复杂的“地下迷宫”——清华园隧道；修建环保要求最高的官厅水库特大桥。

新八达岭隧道（八达岭长城站）采用了地下叠层暗挖洞群车站设计及其施工关键技术。利用高速激光扫描，实现隧道超欠挖、净空及空洞方量的自动高精度检测；依托电子沙盘实现叠层进出站通道、环形救援廊道和并行双洞立体多分支斜井的场景自主漫游、施工工艺可视化交底和设计优化；采用了基于 BIM 的钻爆法来进行隧道施工，建立工点级施工管理平台，完成工点的精细化管理，降低单拱大跨度暗挖铁路隧道施工对邻近文物和复杂洞群的影响。

清华园隧道打造管片工厂生产、机械拼装、施工全过程可视监控的盾构隧道全预制拼装智能建造成套工艺。盾构掘进后直接铺设轨下结构，降低盾构隧道施工对城市核心区建筑群、市政道路和地下管线等的影响。其中，首次创新应用了全预制轨下结构拼装技术，同步盾构机推进施工，实现了轨下结构生产模块化、施工快速化、优质高效、耐久可靠、安全环保；采用了基于 BIM 盾构隧道预制件生

官厅水库特大桥

产及拼装质量管理，覆盖管片预制厂全部作业环节、全部工作岗位、全部设备设施的生产过程、运输堆场、现场拼装等数据的自动采集、实时录入存储、专业处理分析，实现对隧道管片生产及拼装全过程质量的三维可视化管控；基于BIM的盾构法隧道施工管理和结构监测技术，打造了监控管理可视化、自动化新模式。

官厅水库特大桥构建了钢桁梁模块化、工厂化、自动化和智能化建造技术体系。研制了钢桁梁自动焊接机器人、龙门式机器人自动焊接系统、焊接数据监控系统等，取代人工定位焊，明显提升了焊接自动化程度和组装质量，确保了焊接质量可追溯性，开创了使用钢梁智能焊接机器人的先河；采用了钢桁梁智能控制多点同步顶推及自动监测技术，实现了多孔大跨度钢桁梁的顶推施工，同时实时监测顶推系统的使用状态，确保钢梁顶推精确安全到位。

具有北京冬奥会特色的高铁

作为2022年冬奥会的重要交通保障设施，同时也是世界上第一条最高设计时速350公里/小时的高寒、大风沙行驶条件下的高速列车，京张高铁智能动车组可以抵抗零下40℃的严寒，有效保障极寒天气下列车正常运行和旅客的出行安全。

针对冬奥会赛事的特殊需求，京张高铁智能动车组外形采取独特设计。列车内设计了多种定制化服务，如专门

京张高铁列车外观渲染图

设置兴奋剂检测区、冰雪运动器材存放区，并为残疾人专门设置了配有轮椅固定装置、SOS按钮以及可折叠桌板等的座位。此外，列车还打造了独具特色的高铁移动新闻中心——媒体车厢，该车厢将实现高速互联网覆盖，实现列车上收看奥运赛事直播。全方位、人性化、高智能的贴心服务，为奥运健儿提供便利的同时，也让旅客、新闻记者收获更多科技感与获得感，引领更美好的出行体验。

京张高铁开创了京张铁路的新纪元，是中国铁路人对自力更生、艰苦奋斗的民族精神和詹天佑“爱国、求实、创新”精神的传承和发展。京张高铁是中国铁路科技创新的名片，是中国铁路实现从追赶先进到引领世界的标志。

中国铁路的发展历程就像一个人的成长经历，从小到大，从弱到强，历经沧桑巨变。百年前京张铁路在黑暗的旧中国燃起了希望，百年后中国高铁迎来了世界的赞美，伟大而辉煌。詹天佑的百年梦想变成了现实，中国已自强自立于地球之上。

将《京张铁路故事》的最后一篇，落脚于京张智能高铁，主要表达两层意思：一是对百年前那些中国铁路先贤们伟大奋斗历程的纪念，二是以世界首创告慰先贤们。今日的中国，必将实现先辈们复兴强国的伟大理想！

主要参考资料

中华工程师学会编：《京张铁路工程纪略》，文华祥印务局1924年版

于仲友编：《铁路词汇》，人民铁道出版社1980年版

金士宣、徐文述编著：《中国铁路发展史（1876—1949）》，中国铁道出版社1986年版

詹同济编译：《詹天佑日记书信文章选》，北京燕山出版社1989年版

北京铁路分局编：《京张铁路》，中国铁道出版社2001年版

詹天佑科学技术发展基金会、詹天佑纪念馆编:《詹天佑文集》，中国铁道出版社2006年版

任喜贵、贾本义主编:《詹天佑》，中国铁道出版社2006年版

詹同济编著：《詹天佑生平志》，2011年，未公开出版

段海龙著：《京绥铁路研究（1905—1937）》，内蒙古师范大学2011年博士学位论文

段海龙：《铁路技术移植中国的早期努力——以京张铁路的修建为例》，《中国科技史杂志》2016年第3期

后 记

铁路、火车进入华夏大地后，这个有千年农耕文明的国度开始步入近代工业文明。

回望历史，中国铁路建设初始之路举步维艰、困难重重。中国铁路的历史反映了中华民族从屈辱、彷徨到觉醒、奋争的历程，是中国发展近代工业，谋求国家富强的历史缩影。京张铁路是这段历史中，国人自力更生、奋发图强的真实再现。詹天佑秉持着他“各出所学、各尽所知，使国家富强，不受外侮”的信念，以坚韧的毅力，带领着中国的匠人独立自主修筑京张铁路，使之成为以创造性建设谋求社会进步的一条争气铁路。

作为一名铁路工业文化遗产研究者，研究百年铁路发展历史、铁路人物、铁路事件、铁路文物，挖掘其文化内涵，研究铁路历史对中国政治、经济、科技、文化、生活、环境、民风等的影响，传承铁路优良精神，弘扬铁路优秀文化，保护铁路工业文化遗产，将我们的研究成果呈现给公众，讲好中国铁路发展故事，都是我们的职责所在。

本书为“中国工业遗产故事”丛书之一，讲述了百年京张铁路的故事。我们将多年收集、整理、研究京张铁路及相关人物的成果，用通俗易懂的语言、引人入胜的故事和准确的史实，向大众尤其是青少年重点讲述：铁路是怎样徐徐将中国近代工业发展的帷幕拉开的；京张铁路的前世今生，具体包括詹天佑主持修建京张铁路的经过以及与京张铁路相关的其他故事。本书以京张铁路从构想到建设、运营、调试的发展历程为主脉络，辅以相关历史事件和人物，修正了一些社会上的错误传闻，还原了历史真相。本书为青少年提供较多科普知识，旨在提高他们对工业遗产的保护意识，以实现再教育的目的，进一步增强民族自豪感和自信心。

本书在撰写过程中，青龙桥站站长杨守信给予很多图片和文字资料的帮助，在此特别感谢！同时，本书的编写得到了很多同事和学者的帮助，在此对他们一并表示感谢！